BRENTA-GRUPPE

Eugen E. Hüsler

Manfred Kostner

KOMPASS Wanderführer

Eugen E. Hüsler

geboren 1944 in Zürich, lebt seit 1983 in Oberbayern; Publikation zahlreicher Reise- und Wanderführer, vor allem über die Schweiz und alpine Regionen. Kein Extremer, aber ein unermüdlicher »Erforscher« der Alpen mit einem ausgeprägten Hang zu abgelegenen Winkeln, einsamen Wegen und »eisenhaltigen« Routen. Hat bis heute etwa 60 Bücher veröffentlicht, darunter einige Standardwerke.
Weitere KOMPASS-Wanderführer des Autors: 990 Dolomiten-Abteital, 980 Dolomiten-Cortina d'Ampezzo, 992 Dolomiten-Sexten-Hochpustertal, 922 Tegernsee/Schliersee, 955 Pustertal.

Manfred Kostner

lebt in Percha bei Bruneck, wo er 1970 auch geboren wurde. Er ist verheiratet und arbeitet als Lagerkoordinator in einem Großbetrieb. Seinen ersten Gipfel bestieg er mit 14 Jahren; seither ist Bergsteigen seine große Leidenschaft. Dabei fotografiert Manfred Kostner auch gerne; viele seiner Bilder wurden in Alpinmagazinen und Büchern veröffentlicht.
Er war Mitarbeiter beim KOMPASS-Wanderführer 992 Dolomiten-Sexten-Hochpustertal und 955 Pustertal.

1. Auflage 2007 · ISBN 978-3-85491-389-4 Verlagsnummer 957

Text und Fotografie: Eugen E. Hüsler und Manfred Kostner
Lektorat: Karin Straßer Bildnachweis: Alle Aufnahmen von den Autoren.
Titelbild: Auf der Via delle Bocchette Centrali. Blick zu Cima Brenta Alta und Campanile Basso (Manfred Kostner).
Bild Innentitel Seite 1: Auf der Cima Sassara (Sentiero Costanzi).
Bild Seite 3: Am Weg zum Rif. Brentei; rechts Cima Tosa und Crozzon di Brenta.

Grafische Herstellung: wt-BuchTeam
Wanderkartenausschnitte: © KOMPASS-Karten GmbH
Höhenprofile: wt-BuchTeam

Korrekturhinweise bitte an folgende Anschrift:

Walter Theil, Irmengardstraße 9, 84518 Garching/Alz (Deutschland)
Telefon 0049-(0)8634/68 98 03 · Fax 0049-(0)8634/68 98 04
E-mail: info@wt-buchteam.de · www.wt-buchteam.de
oder an
KOMPASS-Karten GmbH, Kaplanstraße 2, 6063 Rum/Innsbruck (Österreich)
Telefon 0043-(0)512/26 55 61-0 · Fax 0043-(0)512/26 55 61-8
E-mail: kompass@kompass.at · www.kompass.at

Vorwort

Brenta. Bei dem Stichwort denken die einen zunächst an den Campanile Basso, das unglaubliche steinerne Monument im Hauptkamm des Massivs, andere an die legendäre »Via delle Bocchette«. Auf dem einmaligen Höhenweg haben schon zig Tausende die Brenta kennen gelernt, dieses isoliert westlich der großen Etschtalfurche stehende Massiv, das geographisch nicht zu den Dolomiten gehört, im Kern aber aus markant geschichtetem Hauptdolomit besteht.
Der bildet grandiose Gipfel, bizarre Türme und mächtige Mauern, und so verwundert es wenig, dass zwischen dem Grostèpass und dem innersten Val d'Ambiez das Weg- und Steignetz besonders dicht ist, hier auch zahlreiche Hütten stehen. So ist man im Sommer auf den klassischen Klettersteigen und Gipfelrouten nur selten allein. Fast alle wollen den Campanile Basso sehen, über die Schwindel erregenden Felsbänder des »Bocchette-Weges« spazieren. Dass die Brenta aber weit mehr ist als nur ihr spektakulärer Hauptkamm, übersehen dabei die meisten. Wer kennt den »Sentiero Costanzi«, stand schon einmal auf der Cima di Ghez oder ist über einen der herrlichen Höhenwege ins Val d'Ambiez gewandert?
Doch wer das Trentiner Gebirge, das heute größtenteils unter Naturschutz steht, wirklich kennen lernen will, muss auch diese einsamen Wege gehen: eine Landschaft erwandern, Schritt um Schritt.
Wir wollen Sie dabei begleiten, auf vielen, auch wenig bekannten Wegen zwischen Madonna di Campiglio und Molveno.

Eugen E. Hüsler und Manfred Kostner

INHALT

			Seite
Vorwort			3
Die Brenta			6
Die Ferienorte			10
Tourismusbüros			11
Hütten, Almen, Gasthöfe			12
Bergbahnen der Region			13
Was man vorab wissen sollte			15
Tourenübersicht			16
Nonstal	**1**	San Romedio	18
	2	Der Sentiero Mondino	20
	3	Tuenno- und Terres-Waal	22
Brenta Nord	**4**	Über die Loverdina	26
	5	Cima di Santa Maria	28
	6	Über den Monte Peller	30
	7	Rund um den Lago di Tovel	32
	8	Sella del Montòz	34
	9	Malga Flavona – Passo Termoncello	36
	10	Über den Passo di Prà Castròn	38
	11	Livezza grande	40
	12	Sentiero Claudio Costanzi	42
	13	Sentiero delle Palete – Passo di Val Gelada	46
	14	Der Sentiero Vidi	48
	15	Rund um die Pietra Grande	50
	16	Der Monte Spinale	52
	17	Die Wasserfälle des Vallesinella	54
Presanella	**18**	Giro dei Laghi Superiori	56
	19	Über den Monte Zeledria	58
	20	Giro dei Cinque Laghi	60
Brenta Zentral	**21**	Auf die Cima Roma	62
	22	Cima del Grostè	64
	23	Rifugio Tuckett	66
	24	Rifugio Brentei	68
	25	Rifugio Alimonta	70
	26	Rund um die Cima Tosa	72
	27	Lago di Val d'Agola	76
	28	Rifugio XII Apostoli	78
	29	Cima di Pratofiorito	80

			Seite
Via delle Bocchette	30	Der Sentiero Benini	82
	31	Der Sentiero SOSAT	84
	32	Sentiero delle Bocchette Alte	86
	33	Der Sentiero Detassis	90
	34	Sentiero delle Bocchette Centrali	92
	35	Der Sentiero Orsi	94
	36	Der Sentiero Brentari	96
	37	Der Sentiero dell'Ideale	98
	38	Via ferrata Ettore Castiglioni	100
Brenta Ost	39	Bocchetta del Gallino	102
	40	Croz dell'Altissimo	104
	41	Rifugio Croz dell'Altissimo	106
	42	Sentiero attrezzato Donini	108
	43	Rifugio Pedrotti	110
Brenta Süd	44	Auf die Cima di Ghez	112
	45	Sentiero attrezzato Passo Bregàin	114
	46	Rifugio Cacciatore	116
	47	Selletta della Colmalta	118
	48	Monte Ghirlo	120
	49	Passo dei XII Apostoli	122
	50	Auf die Petta	124

Stichwortverzeichnis 126

Am Passo del Grostè; Blick zur Cima del Grostè.

Am Weg zum Passo dei XII Apostoli; am Horizont Adamello und Presanella.

Die Brenta

»Die Brentagruppe bringt mit ihren malerischen, zerrissenen, kühn gestalteten Felshörnern, Nadeln, Zacken und Türmen das Kennzeichnende des Dolomitengebirges voll zur Geltung. Dazu kommen noch als wirkungsvolle Beigaben Firn- und Eiseinlagerungen auf Gipfeln und in Karen, die zu dem rötlich-braunen Gestein einen prächtigen Gegensatz bilden. Gesteigert werden all diese Reize durch die Lichtzauber der auf- oder untergehenden Sonne und die Farbenpracht des Südens. Die Brentagruppe gilt mit Recht als eines der schönsten Gebiete im Alpenreiche.«

Was der »Hochtourist« als Vorläufer der AV-Führer vor bald acht Jahrzehnten schrieb, hat heute noch seine Gültigkeit. Lediglich die »Beigaben« in Form von Eis und Schnee sind in erheblichem Maße geschwunden – eine Folge des Klimawandels. Und seine berühmteste Touristenattraktion hatte die überwiegend aus Hauptdolomit aufgebaute Gebirgsgruppe damals noch nicht einmal: die »Via delle Bocchette«. Sie trug und trägt ganz wesentlich zur Popularisierung der Region bei, ermöglicht der Höhenweg es doch auch dem Nicht-Kletterer, mit den berühmtesten Felsbauten im Hauptkamm der Brenta sozusagen »auf Tuchfühlung zu gehen«. Zig Tausende – davon viele aus deutschen Landen – sind seither auf den Schwindel erregend schmalen Bändern gewandelt, haben über die Kunstfertigkeit der Natur gestaunt, die hier einige der kuriosesten Bauten entstehen ließ, allen voran natürlich den Campanile Basso (Guglia di Brenta, 2874 m), dieser schlicht unglaubliche Felsturm. Die ersten Ersteigungsversuche fanden noch im 19. Jh. statt; Nino Pooli, Carlo Garbari und Antonio Tavernaro scheiterten 1897 erst unterhalb der senkrechten Gipfelwand. Zwei Jahre später bezwang Otto Ampferer zusammen mit Karl Berger den Campanile Basso, der in der Folge immer wieder Spitzenkletterer anlockte. So eröffnete Paul Preuß – natürlich solo! – eine atemberaubend kühne Route, und Bruno Detassis, der legendäre Hüttenwirt auf dem Rifugio Brentei, soll einmal sogar in einer Vollmondnacht auf den Gipfel geklettert sein...

Wanderparadies Brenta

Erleben kann man die Brenta auch wandernd, besonders schön sogar, auf vielen, überwiegend gut markierten Wegen. Dabei lohnt es sich, den Blick nicht nur auf den Zentralkamm zu richten, denn abseits von Cima Brenta (3150 m), Campanile Basso und Cima Tosa (3173 m) gibt es viele Ziele. Dass sich das alpinistische Interesse fast ausschließlich auf das »Filetstück« des Gebirges konzentriert, hat sogar seine Vorteile: Bergesruh'. In weiten Teilen des Brentamassivs ist man auch im Sommer (oft) alleine unterwegs, begegnen einem in der Regel weit mehr Gämsen als Zweibeiner. Wer beispielsweise am Fibbion-Stock oder auf den Höhenwegen rund um das Val d'Ambiez seine Ziele sucht, erlebt eine ganz andere, stille Seite der Brenta.

Leidvolles Gedränge herrscht dafür während der sommerlichen Ferienzeit mitunter auf den Hütten und den gesicherten Steigen am Hauptkamm: das ist der Preis des Ruhms.

Legendär: die »Via delle Bocchette«

Sie hat schon ein paar Jahrzehnte auf dem Buckel, doch das schadet ihrer Popularität in keiner Weise. Die Felsbänder des »Bocchette-Weges« sind um keinen Zentimeter breiter geworden, die Ausblicke hinab und hinauf immer noch ebenso faszinierend-einmalig. In den dreißiger Jahren des 20. Jahrhunderts wurde mit dem Bau dieses unvergleichlichen Höhenweges begonnen, 1972 mit dem »Sentiero Benini« das letzte Teilstück eingeweiht und erst kürzlich – als Folge des anhaltenden Klimawandels – der »Sentiero dell'Ideale« teilweise neu trassiert und gesichert. In drei Tagen wandert man buchstäblich am »Saum des Himmels« entlang, vom Passo del Grostè bis zum Rifugio XII Apostoli, über Felsbänder und mit Leitern ausgestattete Aufschwünge, von Scharte zu Scharte (= bocchetta), bis hinauf an die 3000-Meter-Höhenmarke. Die »Via«, der schönste Höhenweg der Alpen?!
Für die Begehung der Route ist neben Bergerfahrung auch eine den Anforderungen entsprechende Ausrüstung erforderlich: Steigeisen, Pickel, Helm, Klettergurt und Klettersteigset. Übernachtet wird auf Hütten (Schlafsack-Inlet!);

Parco Naturale Adamello – Brenta

Gegründet im Jahr 1967 und später erweitert, umfasst der Naturpark heute ein Gebiet von 618 Quadratkilometer zwischen den Adamello-Gletschern und dem Nonstal. Höchster Punkt ist die Cima Presanella (3558 m), Kerngebiete sind die ausgedehnten Eisreviere im Adamello und der Brenta-Hauptkamm. Der Park ist aber nicht nur für seine landschaftlichen Schönheiten berühmt; hier lebt die einzige gesicherte Bärenpopulation der Südalpen. Touristen werden Meister Petz allerdings nicht begegnen, im Gegensatz zu den (seit 1995 wieder angesiedelten) Steinböcken. Häufig anzutreffen sind Gämsen und Murmeltiere.
Am Rand des Parkareals bestehen mehrere Informationszentren, teilweise mit interessanten Ausstellungen. Infos über:
Parco Naturale Adamello–Brenta, 38080 Strembo, Via Nazionale 12; Tel. 04 65/80 46 37, info@parcoadamellobrenta.tn.it, www.parcoadamellobrenta.tn.it

Schlafplätze unbedingt reservieren! Von jedem Teilstück Zwischenabstieg ins Tal möglich.
In unserem Führer ist die gesamte »Via delle Bocchette« detailliert beschrieben (Routen 30 bis 37).

Ein wenig Geologie
Auf Anhieb ist es nicht unbedingt einleuchtend: Was uns heute als attraktive Felsszenerie begeistert, entstand vor Jahrmillionen auf dem Grund eines urzeitlichen Meeres. Beim Hauptdolomit, das den zentralen Kamm der Brentagruppe aufbaut, handelt es sich um Kalkablagerungen des Thetysmeers, das sich im Erdmittelalter zwischen dem Nordkontinent (Asien/Europa) und Afrika erstreckte. In einer späteren Phase der Erdgeschichte – vor immerhin noch etwa 60 Millionen Jahren – kam es zur Zeitlupenkollision der bei-

Fantastisch: Brenta Alta und Campanile Basso im Brenta-Hauptkamm.

Blumenparadies Brenta: Feuerlilie.

den Kontinente, die sich übereinander schoben und so angehoben wurden. Allmählich wuchsen die Alpen (und mit ihnen die Brenta-Dolomiten) aus dem Meer. Den Rest besorgten Wasser und Eis; sie verwandelten durch mechanische Einwirkungen und Erosion einen mehrere hundert Meter dicken Hauptdolomitblock in jenes Naturwunder, das wir heute bestaunen. Der Campanile Basso, versteinerter Müll der Erdgeschichte?

Brentaflora

Über all der steinernen Pracht sollte man die kleinen Farbtupfer links und rechts des Weges nicht übersehen: Blumen. Da blüht es von Juni bis August so üppig wie artenreich, stehen in Wiesen und lichten Wäldern Türkenbund und Feuerlilie; aus Felsspalten wächst die seltene Schopf-Teufelskralle, auf den Almwiesen duften die Kohlröschen. Und dass die weißen Sterne der Edelweiß – in manchen Regionen der Brenta en masse anzutreffen – in der Natur weit schöner anzuschauen sind als am Tirolerhut, hat sich inzwischen sogar in alpenfernen Gegenden herumgesprochen.

Der Brentabär

Im Sommer 2006 erhielten Tirol und der Freistaat Bayern seltenen Besuch: ein Braunbär hatte sich in nordalpine Gefilde verirrt. Bruno, wie ihn die Presse bald einmal nannte, kam aus dem Trentino, wo im Bereich des Naturparks Adamello-Brenta die einzige südalpine Population des Ursus arctos lebt. Eine winzig kleine »Bevölkerung«, obwohl seit ein paar Jahren durch Import aus Slowenien verstärkt. Touristen werden Meister Petz kaum zu Gesicht bekommen, auch wenn er gelegentlich einen Bienenstock ausräumt oder ein Schaf reißt (was von der Provinz Trentino jeweils unbürokratisch finanziell abgegolten wird). Nur wenn Bruno aufbricht

Bär im Tiergehege von San Romedio.

Ein paar Fakten und Zahlen

Lage: Die Brenta-Dolomiten erheben sich westlich des Etschtals in der Provinz Trento. Sie sind geographisch klar umgegrenzt: nördlich vom Val di Sole, westlich vom Val Meledrio und vom Valle Rendena, südlich vom schluchtartig eingerissenen Graben des Sarcatals, östlich vom Nonstal.
Fläche: 500 Quadratkilometer
Höchster Punkt: Cima Tosa (3173 m)
Tiefster Punkt: an der Sarca, ca. 350 m
Bekannteste Gipfel: Cima Brenta (3150 m), Campanile Basso (2874 m), Cima Brenta Alta (2960 m), Crozzon di Brenta (3130 m), Cima Tosa (3173 m)
Wichtige Ortschaften: Madonna di Campiglio, Pinzolo, Tione di Trento, Molveno, Ándalo, Cles, Malè

zu grenzüberschreitenden Ausflügen und ein paar Politiker im Ausland erschreckt, gerät er halt in die Schlagzeilen.

Die Täler rundum

Auch Berge haben Nachbarn. Im Fall der Brenta sind es einerseits hochalpine Regionen (Ortlermassiv, Adamello, Presanella), andererseits die Mittelgebirgsketten über dem Etschtal (Mendelkamm, Paganella, Gardaseeberge). Dazwischen liegen Täler, und die sind durchaus einen Besuch wert. Wie etwa das Nonstal (Val di Non) im Nordosten der Brenta, die »Apfelkiste des Trentino«, die sich jeden Frühling in ein strahlend weißes Blütenmeer verwandelt.
Oder das Val di Sole, dank seiner inneralpinen Lage stark klimabegünstigt und für sein mineralhaltiges Wasser (Pejo) bekannt. Im Valle Rendena reihen sich alte Dörfer wie Perlen auf einer Schnur aneinander, von Tione di Trento bis hinauf nach Pinzolo, und über dem tiefen, wilden Graben des Sarcatals liegen an der sonnigen Südflanke der Brenta einige hübsche Ortschaften. Drunten am Fluss kann man sich in gediegener Atmosphäre gesund baden: in Comano Terme, dessen heilkräftiges Wasser mit einer Temperatur von 27° Celsius aus dem Kalkfels sprudelt.

Wallfahrtsort und Ausflugsziel: San Romedio im Nonstal.

Die Ferienorte

Madonna di Campiglio (1522 m)

Touristisches Zentrum der Region ist Madonna di Campiglio, im Nordwesten der Brenta in einer teilweise bewaldeten Talmulde knapp unterhalb der Wasserscheide von Campo Carlo Magno gelegen. Als Hospiz am Weg vom Nonsberg zum Gardasee beherbergte es schon im Mittelalter Reisende; in der zweiten Hälfte des 19. Jahrhunderts - das Trentino war damals noch Teil der österreichischen Monarchie - kamen dann die ersten Touristen, darunter die englischen Alpinisten John Ball, F. F. Tuckett und D. W. Freshfield. Wer sich heute all die Hotels und Chalets anguckt, die bis über den Wiesensattel von Campo Carlo Magno hinauswuchern, mag kaum glauben, das Madonna di Campiglio keine 1000 ständige Bewohner hat...

Pinzolo (744 m)
In einer Talweitung an der Mündung des Val Génova liegt Pinzolo, ein altes Dorf, das sich in den letzten Jahrzehnten ebenfalls zu einem beliebten Ferienort entwickelt hat. Ob es dadurch schöner geworden ist, darf bezweifelt werden. Kunstfreunde legen im benachbarten Carisolo einen Halt ein, um der zu Beginn des 16. Jh. umgebauten Friedhofskirche San Vigilio einen Besuch abzustatten, einem Kulturdenkmal von überregionaler Bedeutung. Die südliche Außenwand schmückt ein gut erhaltener Totentanzzyklus von Simone Baschenis (1539) in vierzig Bildern. Der Künstler sparte dabei nicht mit ironischen Seitenhieben auf die Mächtigen seiner Zeit - in Staat und Kirche. Sehr zu empfehlen ist weiter ein Abstecher ins Val Génova zu den berühmten Nardis-Wasserfällen (vier Kilometer, Straße).

San Lorenzo in Banale (716 m)
Das sonnigste Dorf der Brenta befindet sich - wen wundert's? - auf seiner Südseite, auf einer Terrasse hoch über dem schluchtartig eingerissenen Tal der Sarca, deren Quellbäche im Adamello- und im Presanella-Massiv sowie in der Brenta entspringen. Ein paar Kilometer weiter westlich liegt Sténico (688 m), ein uralter Flecken, überragt von seinem stattlichen Schloss. Im Jahr 1163 urkundlich erstmals genannt, gehörte es einst den Fürstbischöfen

Tourismusbüros

APT Madonna di Campiglio, Pinzolo, Val Rendena, Via Pradalago 4,
I-38084 Madonna di Campiglio;
Tel. +39/04 65/44 75 01, Fax 44 04 04,
info@campiglio.to, www.campiglio.to
APT Terme di Comano – Dolomiti di Brenta,
Via Cesare Battisti 38/d,
I-38077 Ponte delle Arche;
Tel. +39/04 65/70 26 26, Fax 70 22 81,
info@comano.to, www.comano.to
APT Dolomiti di Brenta – Altopiano della Paganella,
Piazza Dolomiti 1, I-38010 Andalo;
Tel. +39/04 61/58 58 36, Fax 58 55 70,
info@esperienzatrentino.it,
www.esperianzatrentino.it
APT Valli di Sole, Pejo e Rabbi,
Via Marconi 7, I-38027 Malè;
Tel. +39/04 63/90 12 80, Fax 90 15 63,
info@valdisole.net, www.valdisole.net
APT Valle di Non,
Via Roma 21, I-38013 Fondo;
Tel. +39/04 63/83 01 33, Fax 83 01 61,
info@valledinon.tn.it, www.valledinon.tn.it

von Trient. Mehrere Säle sind mit Fresken im Renaissancestil geschmückt; neben altem Mobiliar und Gemälden aus dem 16.–18. Jahrhundert beherbergt das Castello di Stenico eine Sammlung alter Waffen sowie archäologische Funde der Region.
Geöffnet Dienstag bis Sonntag 9–12, 14–17 Uhr

Molveno (868 m)
Im Osten der Brenta, über seinem See, liegt der Ferienort Molveno. Das Kirchlein San Vigilio bewahrt neben einem schönen romanischen Portal sehenswerte Fassadenfresken, die möglicherweise von Simone Baschenis stammen. Bei dem rund 4,4 km langen Lago di Molveno handelt es sich um ein

Hütten – Almen – Gasthöfe

Hütte/Gasthaus	Höhe (m)	Tel.	Zugang/Zufahrt	Tour
Agostini	2410	0465/73 41 38	Val d'Ambiez	38
Al Capriolo	796	0463/45 14 05	Straße ins Toveltal	7
Alimonta	2580	0465/44 03 66	Vallesinella	25, 31-34
Alpenrose	1074	0465/73 43 63	Straße San Lorenzo	44
Brentei	2182	0465/44 12 44	Vallesinella	24-26, 31, 33
Cacciatore	1821	0465/73 41 41	Val d'Ambiez	38, 45-47
Cascate	1398		Fußweg Mad. di Campiglio	17
Casinei	1825	0465/44 27 08	Vallesinella	23-26, 31
Ciclamino	950		Molveno	41
Cinque Laghi	2064	0465/44 32 70	Seilbahn Mad. di Campiglio	20
Croz dell'Altissimo	1430	360/98 92 42	Pradel/Molveno	35, 40, 41-43
Dodici Apostoli	2487	0465/50 13 09	Doss del Sabion	28, 29, 37, 38, 49
Dolomiti	860	0465/73 40 52	San Lorenzo in Banale	45-47
Doss del Sabion	2101	328/016 53 95	Seilbahn Pinzolo	28, 29
Graffer	2261	0465/44 13 58		
Grostè	2437	0465/44 01 15	Seilbahn Grostè	12-15, 21, 22, 30
Lago delle Malghette	1878	0465/44 08 14	Fußweg ab Pradalago	18
Lago Nambino	1678	0465/44 16 21	Fußweg Mad. di Campiglio	20
Lago Rosso	1180	0463/45 12 42	Fußweg Tovelsee	7, 11
Lago Smeraldo	1001	0463/83 11 04	Straße von Fondo	2
Malga Andalo	1356		Molveno	42
Miralago	1185	0463/45 00 90	Fußweg Tovelsee	7-11
Mondifrà	1629	0465/44 08 55	Campo Carlo Magno	145
Monte Spinale	2104	0465/44 15 07	Seilbahn Mad. di Campiglio	16
Pedrotti	2486	0461/94 81 15	Vallesinella/Molveno	26, 34-36, 43
Peller	2022	0463/42 16 19	Straße ab Cles/Fußweg	6
Pradalago	2119	0465/44 08 78	Seilbahn Mad. di Campiglio	18, 19
Pradel	1367	0461/58 69 02	Lift Molveno	40
Selvata	1642	337/45 51 98	Molveno	42, 35, 43
Tuckett	2272	0465/50 72 87	Vallesinella/Passo del Grostè	23, 30, 31
Tuena	1740		Tovelsee	10, 11
Vallesinella	1513	0465/44 28 83	Straße Mad. di Campiglio	16, 17
Viviani	2082	0465/44 12 00	Fußweg ab Pradalago	18

Die Bergbahnen der Region (mit Sommerbetrieb)

Bahn	Talstation (m)	Bergstation (m)	Tour
Grostè	Campo Carlo Magno (1646)	Passo del Grostè (2437)	12-15, 21-23, 30
Pradalago	Madonna di Campiglio (1540)	Rifugio Pradalago (2119)	18, 19
Cinque Laghi	Madonna di Campiglio (1515)	Rifugio Cinque Laghi (2064)	20
Monte Spinale	Madonna di Campiglio (1515)	Monte Spinale (2104)	16
Doss del Sabbion	Pinzolo (744)	Doss del Sabion (2101)	28, 29
Pradel	Molveno (864)	Rifugio Montanara (1525)	35, 40,41-43

natürliches Gewässer, das aber aufgestaut wurde. Beim Bau der Sperrmauer entdeckte man auf seinem Grund einen Wald von über 2000 versteinerten Bäumen. Über dem Westufer liegt das Forte Napoleone (1805); interessant ist die aus der Zeit um 1500 stammende Sägerei an der Mündung des Val delle Seghe (Taialacqua).

Ándalo (1041 m)
Die Paganella (2125 m) hat das Dorf an der Wasserscheide zwischen Nonstal und Sarca zu einem renommierten Wintersportplatz gemacht, mit guten Wandermöglichkeiten im Sommer. Das Panorama von der Paganella, die nach Osten hin fast zwei Kilometer tief ins Etschtal abstürzt, verdient

Grünes Vorland der Brenta: Cles und der Lago di Santa Giustina im Nonstal.

locker drei Sterne; weniger schön sind all die Lifte, Pistenschneisen und Straßen an dem Berg. Nördlich der Hotelsiedlung liegt der Lago d'Ándalo (983 m), ein Karstsee, dessen Größe je nach Niederschlagsmengen stark variiert und der nach längeren Trockenperioden praktisch verlandet.

Cles (658 m)
Auf einer Anhöhe über dem großen Stausee von Santa Giustina liegt der Hauptort des Nonstals, ein stattlicher Marktflecken. Die Gegend war bereits in der Jungsteinzeit besiedelt, wie Funde belegen. 1869 wurde hier die »Tavola Clesiana« entdeckt, auf der festgehalten ist, dass Kaiser Claudius 46 n.Chr. allen Bewohnern des Nonstals das römische Bürgerrecht verlieh (Original in Trient, Kopie am Palazzo Assessorile).
Cles ist der Geburtsort des Kardinals Bernardo Clesio, der als Fürstbischof Trient auf das große Konzil (1545–1563) vorbereitete. Sein Schloss, das doppeltürmige Castello di Cles, liegt weit außerhalb des Ortes auf einer Anhöhe über dem Stausee; es dürfte im Kern auf das 12. Jh. zurückgehen, wurde später aber wiederholt umgebaut.

Malè (738 m)
Malè ist der historische Hauptort des Val di Sole, das die Brenta im Norden begrenzt. Teile des alten Dorfkerns wurden 1892 bei einem verheerenden Brand zerstört. Am Hauptplatz steht die Pfarrkirche mit ihrer hübschen Fassade, die Stilelemente der Romanik, der Gotik und der Renaissance vereinigt. Besuchenswert das Volkskundemuseum (Museo della Civiltà Solandra) an der Via Veneto; geöffnet Mitte Juni bis Mitte September werktags 10–12, 16–19 Uhr.

Am »Sentiero della Sega Grande«; Blick auf den Monte Fibbion.

Am »Sentiero Vidi«.

Nützliche Infos oder: Was man vorab wissen sollte

Schwierigkeitsgrade

Die 50 vorgestellten Wanderungen sind in ihrem Anforderungsprofil entsprechend farblich gekennzeichnet. Das erleichtert die Tourenwahl.

▼ **BLAU** Leichte Wanderungen auf gebahnten Wegen, keine größeren Steigungen. Auch für Familien geeignet.

▼ **ROT** Bergwanderungen und Gipfeltouren mit größeren Höhenunterschieden, auch weglosen (aber markierten) Passagen in Geröll oder leichten Felsen.

▼ **SCHWARZ** Anspruchsvollere Touren mit felsigen Wegabschnitten, die auch gesichert sein können. Ausgesetzte Passagen, steile Anstiege, lange, anstrengende Touren. Ein sicherer Tritt, Bergerfahrung und Schwindelfreiheit sowie eine gute Kondition und die dem Anforderungsprofil (Klettersteige) entsprechende Ausrüstung unerlässlich.

Klettersteige

Die Brenta-Dolomiten sind ein Dorado für Klettersteigler. Alle gesicherten Steige (»Via delle Bocchette« usw.) werden in diesem Führer vorgestellt. Wer eine Via ferrata begehen will, benötigt dazu neben entsprechender Erfahrung die richtige Ausrüstung: Klettergurt, Klettersteigset, Helm. Für weniger Erfahrene gilt: Nur in kompetenter Begleitung auf eine Via ferrata gehen!

Zeitangaben

Bei den angegebenen Zeiten handelt es sich um Durchschnittswerte. Sie können – je nach Alter und/oder Kondition – stark unter- bzw. überschritten werden. Mit zu berücksichtigen sind beim Zeitaufwand auch Faktoren wie das Wetter (rutschige Wege); wer Kinder dabei hat, wird entsprechend längere Gehzeiten und mehr Pausen einplanen.

TOURENÜBERSICHT

Nr.	Ziel	Ausgangspunkt	Gehzeit/Hm	Hinweise
Spaziergänge, leichte Halbtagswanderungen				
1	San Romedio	Salter	2½ Std./350	Kulturwanderung
7	Lago di Tovel	Lago di Tovel	1-2¾ Std./50	Familien!
16	Monte Spinale	Rifugio Vallesinella	3¾ Std./690	Aussicht!
17	Wasserfälle des Vallesinella	Mad. di Campiglio	3 Std./400	Teilbegehungen möglich
27	Lago di Val d'Agola	Val d'Agola	2¼ Std./270	Familien!
41	Rifugio Croz dell'Altissimo	Pradel-Lift	2¼ Std./100	ab Molveno MTB
Mittlere Halbtagswanderungen				
2	Sentiero Mondino	Lago Smeraldo	3¼ Std./450	
18	Laghi Superiori	Pradalago-Seilbahn	4 Std./480	Kombination mit Tour 19
20	Giro dei Cinque Laghi	Cinque-Laghi-Seilb.	4 Std./100	Teilbegehung möglich
23	Rifugio Tuckett	Passo del Grostè	3¾ Std.	Bergabwanderung!
24	Rifugio Brentei	Rifugio Vallesinella	4 Std./670	klassische Hütten-wanderung
50	La Petta	Val Manez	3¾ Std./900	steile Grashänge
Anspruchsvolle Halbtagswanderungen				
6	Monte Peller	Monti di Cles	2½ Std./400	einige Sicherungen
19	Monte Zeledria	Pradalago-Seilbahn	3¼ Std./420	Sicherungen!
Mittlere Tageswanderungen				
4	Loverdina	Malga d'Arza	3½ Std./750	Geheimtipp
9	Malga Flavona	Lago di Tovel	5½ Std./800	
11	Livezza grande	Lago di Tovel	6¼ Std./1000	Gämsen!
25	Rifugio Alimonta	Rifugio Vallesinella	6 Std./1070	Herrliche Hüttenwanderung
28	Rifugio XII Apostoli	Doss del Sabion	5 Std./930	Felspassagen, Sicherungen
39	Bocchetta del Gallino	Ándalo	5¾ Std./1150	Sicherungen
43	Rifugio Pedrotti	Pradel-Lift	7½ Std./1200	klassische Hüttentour
46	Rifugio Cacciatore	Val d'Ambiez	5¼ Std./1000	
48	Monte Ghirlo	Sténico	7¾ Std./1350	Frühsommer (Blumen)!
Anspruchsvolle Tageswanderungen				
3	Tuenno- und Terres-Waal	Tuenno	5 Std./350	exponierte Passagen!
5	Cima di Santa Maria	Malga d'Arza	7½ Std./1400	zum Gipfel hin weglos
8	Sella del Montòz	Lago di Tovel	8 Std./1350	ganz einsame Gegend!
10	Passo di Prà Castròn	Lago di Tovel	9¼ Std./1650	anstrengende Tagestour
35	Sentiero Orsi	Pradel-Lift	9¾ Std./1500	Hüttenübernachtung empfehlenswert
40	Croz dell'Altissimo	Pradel-Lift	7 Std./1000	heikle Passagen im Abstieg
42	Sentiero Donini	Molveno	4¾ Std./800	gesicherte Passagen
45	Sentiero Passo Bregàin	San Lorenzo in Ban.	8¾ Std./1320	gesicherte Passagen
47	Selletta della Colmalta	Pont de Baesa	8¾ Std./1500	sehr anstrengende Tour!
49	Passo dei XII Apostoli	Malga Movlina	5¾ Std./880	rauer Anstieg

Eisige Nachbarschaft: Adamello-Presanella von der Bocchetta dei Due Denti.

Höhenprofil
Die Diagramme vermitteln Informationen über die Länge der Tour (km) und die Höhenunterschiede (m) im Auf- und Abstieg. Ebenfalls abzulesen sind die absoluten Höhen und die Gehzeit.

Orientierung
Dieser KOMPASS-Wanderführer dient nicht nur der Vorbereitung auf die Tour; er soll auch unterwegs zu Rate gezogen werden, am besten zusammen mit einer KOMPASS-Wanderkarte.

Gesicherte Steige, Vie ferrate, leichte Klettereien/Gletscher

12	Sentiero Costanzi	Passo del Grostè	12 Std./1400	nur für erfahrene Bergsteiger!
13	Passo di Val Gelada	Passo del Grostè	6¼ Std./800	Blumen, Aussicht
14	Sentiero Vidi	Passo del Grostè	4½ Std./250	leichter Klettersteig
15	Rund um die Pietra Grande	Passo del Grostè	5 Std./460	
21	Cima Roma	Passo del Grostè	5 Std./500	leichte Kletterstellen (I)
22	Cima del Grostè	Passo del Grostè	3¾ Std./550	Kletterstellen (I)
26	Rund um die Cima Tosa	Rifugio Vallesinella	10½ Std./1560	Zweitagetour!
29	Cima di Pratofiorito	Doss del Sabion	7½ Std./1350	leichte Kletterpassagen (I)
30	Sentiero Benini	Passo del Grostè	3½ Std./760	Kombination mit Tour 32
31	Sentiero SOSAT	Rifugio Tuckett	3 Std./500	Variante zu Tour 32
32	Sentiero d. Bocchette Alte	Bocca di Tuckett	5 Std./550	anspruchsvolle Tour!
33	Sentiero Detassis	Rifugio Alimonta	1¼ Std./220	vertikale Leiternserie
34	Sent. d. Bocchette Centrali	Vedretta dei Sfulmini	3 Std./150	Klassiker!
36	Sentiero Brentari	Rifugio Pedrotti	1¾ Std./400	Kombination mit Tour 37
37	Sentiero dell'Ideale	Vedretta d'Ambiez	2 Std./200	Gletscher
38	Via ferrata Castiglioni	San Lorenzo in Ban.	7 Std./2100	Leitern!
44	Cima di Ghez	Rifugio Alpenrose	8 Std./1640	einsame Tour im Süden der Brenta

San Romedio, 732 m

Der Heilige und der Bär

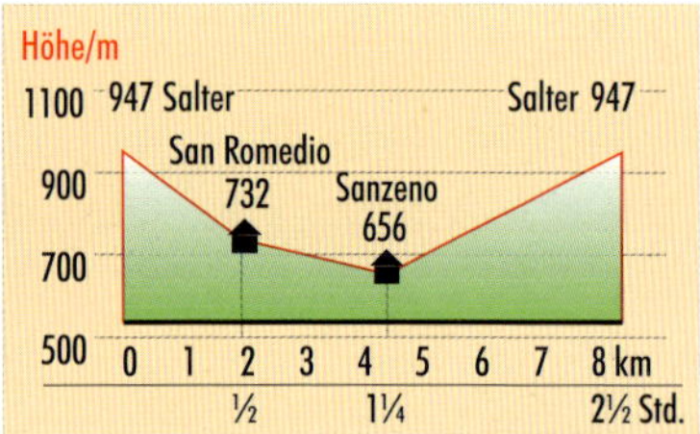

Ausgangspunkt: Salter (947 m), Dorf im mittleren Nonstal, östlich des großen Stausees auf einer grünen Terrasse gelegen.
Bahn/Bus: Gute Busverbindungen zwischen den Ortschaften des Nonstals.
Gehzeit: 2½ Std.
Charakter: Kurze, sehr abwechslungsreiche Runde auf nur teilweise markierten Wegen. Abstieg nach San Romedio recht steil; hier ist ein sicherer Tritt wichtig. Kunstliebhaber werden auch einen Blick in die beiden Kirchen von Sanzeno und Salter werfen; letztere bewahrt einen gotischen Flügelaltar.
Einkehr: In San Romedio, Salter und Sanzeno.
Karte: Kompass Nr. 73.

San Romedio, versteckt in einem Graben des Nonstals gelegen, ist ein uralter Kulturplatz, Wallfahrtsort und Gesamtkunstwerk, Bergidylle und – manchmal leider – auch Rummelplatz. Dann allerdings verliert der Ort seinen Zauber, und das haben die Behörden in Sanzeno erkannt. Deshalb wird jeweils im Hochsommer die schmale Zufahrtsstraße gesperrt: Wer San Romedio erleben will, muss dann wenigstens eine Dreiviertelstunde zu Fuß gehen. Das lohnt sich allemal, ist das malerisch an einen steilen Felskegel gebaute Ensemble doch eine echte Sehenswürdigkeit. Über eine steile Treppe steigt man zwischen den alten Mauern hinauf zur Cappella di San Romedio, die aus der Zeit um 1000 stammt. Münzfunde lassen allerdings den Schluss zu, dass die Wallfahrt des San Romedius noch älter sein könnte.

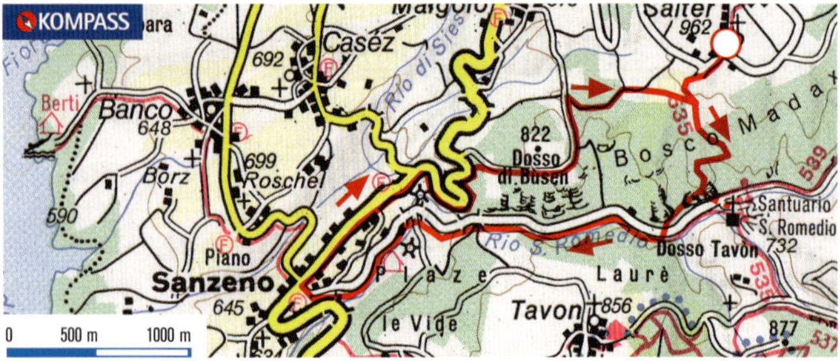

Früher lief hier Wasser: der Sanzeno-Waal in den Felsen oberhalb von San Romedio.

Der Überlieferung nach soll der Einsiedler auf einem Bären (der sein Pferd gerissen hatte) nach Trient zu seinem Bischof geritten sein. Zu seiner Zeit war der Braunbär in den Alpen weit verbreitet; heute leben im Trentino noch einige wenige Exemplare des Ursus arctos in freier Natur. Bewundern kann man Meister Petz allerdings auch in San Romedio, in einem großen, schön angelegten Bärengehege.

Von **Salter** (947 m) führt ein ordentlicher Weg erst sanft, dann steiler in lichtem Föhrenwald bergab in einen Graben, der sich zur malerischen Klamm des Romedius-Bachs hin öffnet. Hier links haltend kurz taleinwärts zum Parkplatz und auf breitem Pfad hinauf zum Wallfahrtsort.

Der Weiterweg führt von **San Romedio** nach Sanzeno; dabei kann man dem Asphalt wenigstens ein kurzes Stück ausweichen: ganz kurz zurück Richtung Salter, dann links mit einem Waal bis zu den Felsabbrüchen. Hier versperrt ein solides Gitter (vernünftigerweise) den Weiterweg, also steigt man ab zur Straße (Spur). Auf ihr, zuletzt mit kurzer Gegensteigung, nach **Sanzeno** (656 m), einem stattlichen Dorf mit einigen sehenswerten Häusern aus der Renaissance- und Barockzeit.

In Sanzeno folgt man der Hauptstraße Richtung Fondo (teilweise Gehsteige) bis zur dritten Kehre oberhalb des Ortes, wo rechts ein asphaltierter Fahrweg abzweigt. Er führt bergan zu den Apfelhainen am Dosso di Busen (822 m), umgeht die abgeflachte Kuppe dann aber südseitig. An der Weggabelung in ihrem Rücken biegt man in den spitzwinklig rechts abgehenden breiten Waldweg ein (geradeaus nach Màlgolo). Er kreuzt nach etwa 250 m den großen, über 5 km langen Sanzeno-Waal und führt zuletzt sanft bergan gegen **Salter,** wo sich die abwechslungsreiche Runde schließt.

Unbedingt sehenswert: San Romedio, versteckt in einer Klamm des Nonstals.

2

Der Sentiero Mondino

In die Schluchten rund um Fondo

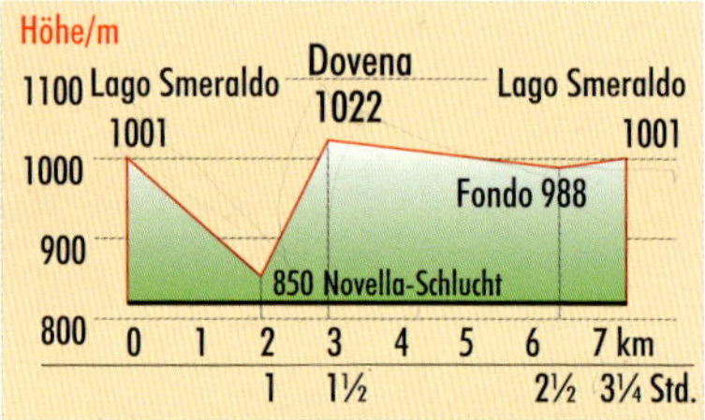

Ausgangspunkt: Lago Smeraldo (1001 m) nördlich von Fondo. Kurze Zufahrt von der Straße zum Gampenjoch/Passo delle Palade; Parkplatz.
Bahn/Bus: Fondo (988 m), Hauptort des oberen Nonstals, hat Busverbindungen mit Meran, Bozen, Cles und Mezzolombardo.
Gehzeit: 3¼ Std.
Charakter: Abwechslungsreiche Runde durch die wilden Schluchten rund um Fondo; Trittsicherheit erforderlich. Spannend auch für Kinder; an der Novella gibt es schöne Rast- und Spielplätze.
Einkehr: Ristorante Lago Smeraldo.
Karte: Kompass Nr. 53.

Hinunter statt hinauf! So ließe sich die Rundwanderung auf dem »Sentiero Mondino« charakterisieren. Denn sie führt auf keine Höhen, sondern in malerisch-verwunschene Schluchten, die für das Nonstal ganz typisch sind – wie die Apfelhaine. Nicht zufällig wird das Val di Non als »Apfelkiste des Trentino« bezeichnet. Hinterher empfiehlt sich ein kurzer Spaziergang durch das Dorf Fondo mit seinen alten Häusern, die teilweise noch aus der Renaissancezeit stammen.
Vom Parkplatz beim aufgestauten **Lago Smeraldo** (1001 m) über die Staatsstraße (Hinweis), dann im Wald leicht bergab zum Gewerbegebiet im Norden von Fondo. Hier rechts und durch das Val Combra hinunter in den breiten Grund der **Novella-Schlucht.** In

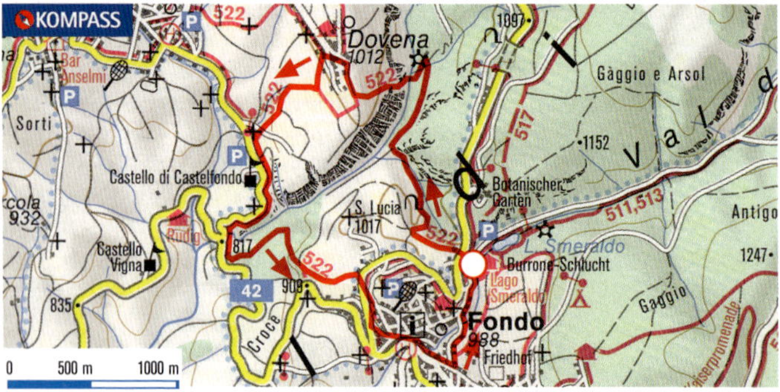

Gut gesichert: der Aufstieg aus der Novella-Schlucht über das breite Gamsband.

der Klamm flussaufwärts, vorbei an der Ruine eines Elektrizitätswerks (ca. 850 m), zu einer soliden Holzbrücke. Über die Novella, dann rechts des Bachs wieder klammabwärts zum Ansatzpunkt des so genannten »Gamsbandes«, bei dem es sich eher um eine mächtige, nach rechts ansteigende Terrasse handelt. Drahtseile sichern den Anstieg, eine Steilstufe ist durch eine Eisentreppe entschärft.

Bei einem mächtigen Felsblock entsteigt man dem Band und wandert auf schmalem Weg bergan zu den Apfelhainen um **Dovena** (1022 m). Im Dörfchen links und auf einem Karrenweg abwärts gegen das Schloss **Castelfondo** (896 m). Auf der Teerstraße um den Burghügel herum und über die **Novella-Schlucht,** die an dieser Stelle lediglich etwa zwei Meter breit, dabei Schwindel erregend tief ist (schöner Blick von der alten Brücke!).

Auf der Straße kurz bergan, dann links haltend mit der rot-weißen Markierung hinauf nach Fondo und hinein ins Dorf. Rechts neben der großen Barockkirche weist ein Schild zum »Orrido«. Absteigend in die malerische Klamm, dann flussaufwärts an einer alten Mühle vorbei und zuletzt zwischen senkrechten Felsen über Stiegen und Leitern zum Schluchtausgang wenig unterhalb des Lago Smeraldo.

3

Tuenno- und Terres-Waal

Wasserwege im Nonstal

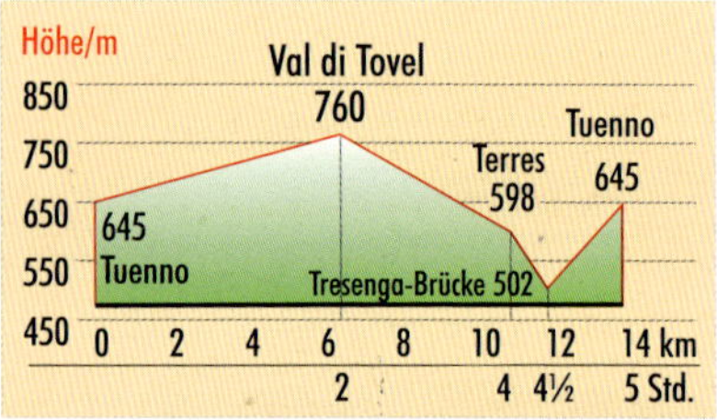

Ausgangspunkt: Tuenno (645 m), stattliches Dorf auf der Westseite des unteren Nonstals.
Bahn/Bus: Buslinien nach Cles, Terres und Mezzolombardo.
Gehzeit: 5 Std., bis Terres ca. 4¼ Std.
Charakter: Spannende Runde in den Felsen des unteren Toveltals. Der Tuenno-Waal ist abschnittweise sehr ausgesetzt, aber mit soliden Seilgeländern versehen, am Terres-Waal einige kurze Passagen, die Schwindelfreiheit und einen sicheren Tritt verlangen.
Die Wege sind nicht markiert, der (noch in Betrieb befindliche) Tuenno-Waal ist durch Gitter abgesperrt (was aber niemand vom Begehen abhält).
Einkehr: Birreria La Fabbrica an der Tresenga-Brücke; Gasthäuser in Tuenno.
Karte: Kompass Nr. 73.

Waale kennt man aus Südtirol, wo sie im extrem niederschlagsarmen Vinschgau und rund um Meran seit Jahrhunderten der Bewässerung von Wiesen, Äckern und Obstkulturen dienen. Stets beglei-

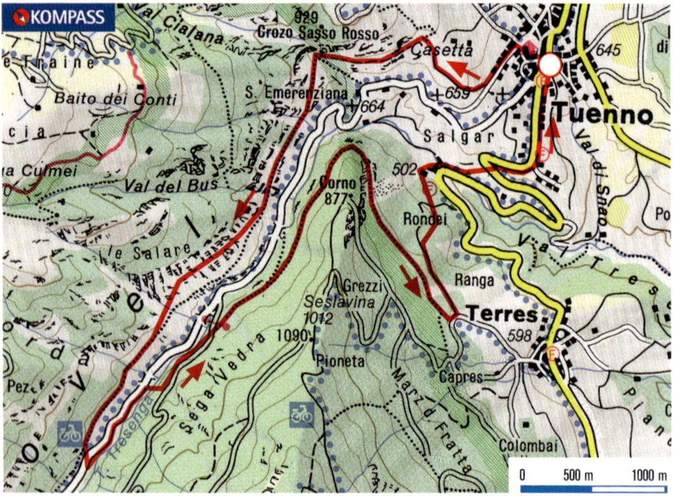

Luftiger Gang mit schöner Aussicht: Am Tuenno-Waal; im Hintergrund Brentazinnen.

tet ein Weg den Kanal, denn Waale werden nicht bloß erbaut, sie müssen auch gewartet werden.
Wandern kann man auch mit diesen plätschernden Wässerchen, und das nicht nur an und über der Etsch. Auch im Nonstal, der »Apfelkiste des Trentino« gibt es ein paar Waale. Die meisten sind längst außer Betrieb, durch moderne Berieselungsanlagen ersetzt, verfallen (leider) mehr und mehr. Eine Ausnahme bildet der Tuenno-Waal, der das kostbare Nass aus dem Val di Tovel auf die Obstkulturen oberhalb von Tuenno leitet. Auf der Fahrt in das malerische Brenta-Nordtal ist die horizontale Linie, die rechterhand durch den steilen Felsabbruch verläuft, nicht zu übersehen: ein leicht Schwindel erregender Gang, aber bestens abgesichert.
Das kann man vom Terres-Waal, der an der gegenüberliegenden Talflanke verläuft, nicht behaupten. Da plätschert kein Wasser mehr dahin, und an einigen Stellen ist die Trasse bereits abgerutscht, ein Passieren nicht ganz problemlos. Ins-

Immer noch in Betrieb: der Tuenno-Waal im Val di Tovel.

gesamt eine abwechslungsreiche Natur- und Kulturwanderung am Rand der Brenta.

Die Runde startet mitten in **Tuenno** (629 m), beim Tourismusbüro (Pro Loco), und führt zunächst durch eine breite Gasse bergan zu einer quer verlaufenden Straße. Mit ihr kurz nach links, dann auf einer Betonpiste weiter zwischen den Apfelhainen aufwärts. Sie mündet in eine Sandpiste, über die (links gehen!) in wenigen Minuten der Beginn der Waalwanderung – markiert durch ein Absperrgitter samt Verbotsschilder – erreicht ist. Sie leitet zunächst durch lichten Kiefernbestand in einen idyllischen Winkel unter dem Croz Sasso Rosso, dann in die mächtige und sehr steile Felsflanke. Gut gesichert (Geländer) quert der Waal den Abbruch; dabei genießt man immer wieder neue, packende Aus- und Tiefblicke. Nur allmählich kommt der Talgrund näher; man passiert einen kurzen Tunnel, quert eine alte Moräne des eiszeitlichen Tovelgletschers und gelangt dann in flacheres Gelände. Hinter dem zweiten (weggerissenen) Gitter leitet ein breiter Weg hinunter zur **Talstraße.** Man folgt ihr etwa fünf Minuten bergab bis zu einer Hausruine. Hier über den Bach zu einem Picknickplatz, dann einer schwachen Spur folgend talauswärts zum **Terres-Waal.**

Er verläuft etwas tiefer als der Tuenno-Waal, ist auch nicht ganz so spektakulär. Aber Vorsicht: Sicherungen fehlen weitgehend, auch verfällt der Wasserweg allmählich! Unter der Felsnase des Corno (877 m) biegt der Waal um nach Süden und peilt die Obstanger oberhalb von **Terres** an (Busverbindung nach Tuenno).

Wer wieder zu Fuß zum Ausgangspunkt zurück will, nimmt den breiten Forstweg, der noch vor dem Ort links über zwei Schleifen bergab führt und sich nach ein paar hundert Metern im Wald verliert.

Nur wenig weiter stößt man auf eine alte, aber deutliche Pfadspur; sie leitet erst durch einen Graben steil abwärts, dann links zur Tresenga. Über die Straßenbrücke und entweder auf Asphalt oder (kürzer und steiler) durch die Apfelhaine hinauf nach Tuenno.

Vom Terres-Waal schaut man hinüber zur kühnen, den Felsen abgerungenen Trasse des Tuenno-Waals.

4

Über die Loverdina, 2237 m

Ganz und gar unbekannt

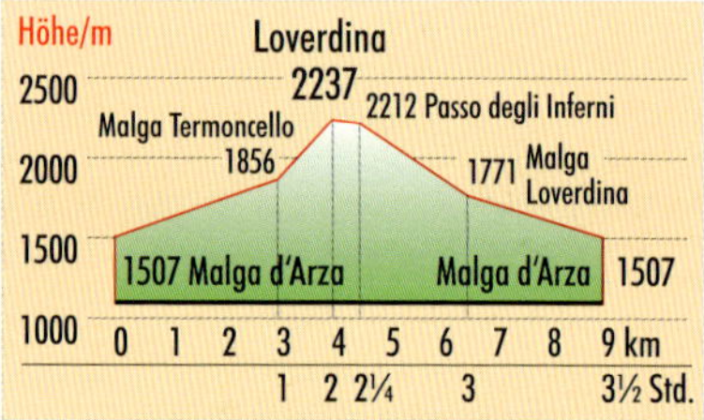

Ausgangspunkt: Parkplatz etwa 5 Gehminuten vor der Malga d'Arza (1507 m). Anfahrt von Cunevo (605 m) auf ordentlicher Asphaltstraße, 10 km (Verbotstafel ist nur aus Haftungsgründen aufgestellt).
Bahn/Bus: Cunevo hat Busverbindung mit Cles und Mezzocorona.
Gehzeit: Aufstieg 2 Std., Abstieg 1½ Std.; gesamt 3½ Std.
Charakter: Abwechslungsreiche Gipfelrunde auf markierten Wegen. Aufstieg leicht, der Abstieg über den Passo degli Inferni ist erfahrenen Berggängern vorbehalten (Stellen I). Vom Gipfel der Loverdina sehr stimmungsvolle Rundschau.
Einkehr: Getränke auf der Malga d'Arza.
Karte: KOMPASS Nr. 73.

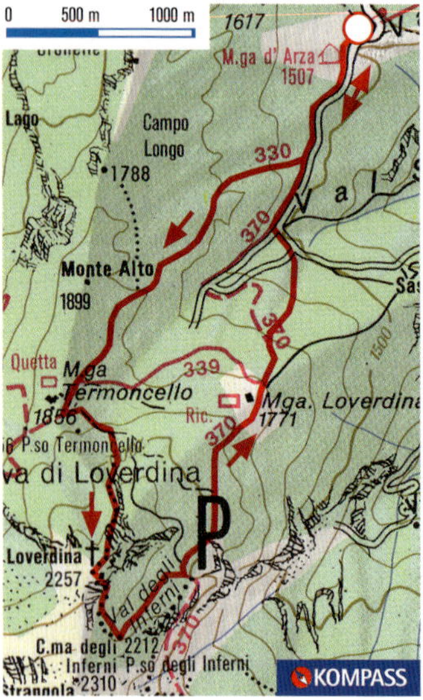

Natürlich gibt es sie auch in der Brenta, die »weißen Flecken«, Berge, die nur ganz selten Besuch erhalten. Die Loverdina ist so ein Ziel, ein dankbares zwar, aber halt ein Gipfel, der weit im Nordosten des Massivs und ganz im Schatten des spektakulären Hauptkamms der Brenta steht. Der ist Blickfang in dem überraschend weiten Panorama, das bis zum Alpenhauptkamm und in die Dolomiten reicht. Sehr schön das grüne Nonstal mit dem Lago di Santa Giustina; ganz nahe ist die Nordkette der Brenta, die man vom Passo del Grostè bis zum Monte Peller überschaut. Insider wissen, dass ihm ein besonders spannender Gratsteig folgt, der »Sentiero Costanzi« (Tour 12).
Die Tour beginnt auf einer Schotterpiste, führt von der **Malga d'Arza** (1507 m) sanft ansteigend in den Wald. Nach ein paar Minuten zweigt rechts der komfortable, am Anfang recht steile Wanderweg zur **Malga Termoncello** (1856 m) ab.

Im Anstieg zur Loverdina; Blick auf die Brenta-Nordkette.

Von der Alphütte kurz abwärts zur großen Viehtränke, dann folgt man der Wegspur, die über den Wiesenhang (erste Markierungen) gegen die Latschen ansteigt. Zwischen dem Krummholz im Zickzack weiter bergan gegen den Nordostgrat der Loverdina; dabei wird der Blick auf den waldumsäumten Lago di Tovel (1177 m) frei. Zuletzt über den felsigen Rücken zum Gipfel der **Loverdina.** Der Abstieg beginnt mit der etwas heiklen Querung zum **Passo degli Inferni** (2212 m). Sie verlangt absolute Trittsicherheit; eine rund 25 m hohe felsige Steilstufe, über die man absteigen muss, ist dabei die eigentliche Schlüsselstelle (I). Zuletzt leiten die Markierungen fast eben hinüber in die »Höllenscharte«. Hier scharf links (Hinweis »Loverdina-Campa«) und im Geröll steil abwärts in das idyllische Val degli Inferni, dann zwischen Latschen zum quer verlaufenden Weg mit der SAT-Nummer 370.

Er läuft durch lichten Wald – gelegentlich Aussicht aufs Nonstal und in die Dolomiten bietend – absteigend zur **Malga Loverdina** (1771 m). Weiter angenehm schattig hinunter zu einer Waldstraße und auf ihr zurück zur **Malga d'Arza** bzw. zum Parkplatz.

Vom Gipfel der Loverdina schaut man hinaus ins grüne Nonstal.

5

Cima di Santa Maria, 2678 m

Auf den höchsten Gipfel der Fibbion-Kette

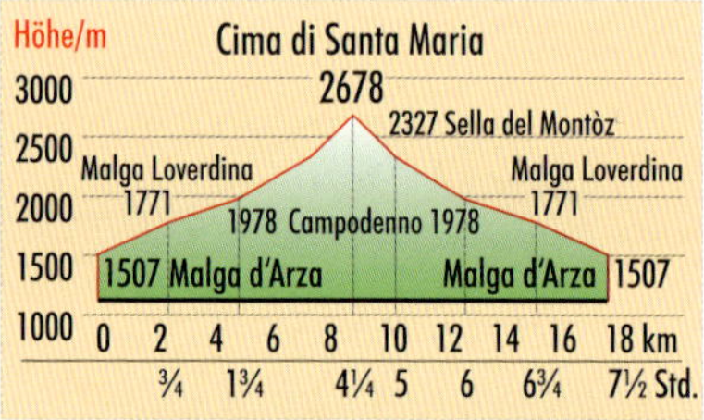

Ausgangspunkt: Parkplatz etwa 5 Gehminuten vor der Malga d'Arza (1507 m). Anfahrt von Cunevo (605 m) auf ordentlicher Asphaltstraße, 10 km (Verbotstafel ist nur aus Haftungsgründen aufgestellt).
Bahn/Bus: Cunevo hat Busverbindung mit Cles und Mezzocorona.
Gehzeit: Aufstieg 4¼ Std., Abstieg 3¼ Std.; gesamt 7½ Std.
Charakter: Anspruchsvolle Gipfeltour, die einen sicheren Tritt sowie eine gute Kondition verlangt. Gut markierter Weg bis in die Sella del Montòz, dann Spuren, teils auch weglos. Nur bei sicherem Wetter (kein Nebel!) gehen.
Einkehr: Getränke auf der Malga d'Arza.
Karte: KOMPASS Nr. 73.

Croz del Re, 2506 m

Etwas schwieriger, aber kürzer ist eine Besteigung des Croz del Re, dessen keckes Felsköpfchen sich südöstlich über der Sella del Montòz erhebt. Eine deutliche Spur führt aus dem markanten Joch erst flach über Geröll, dann steil ansteigend in die kleine Scharte unter dem Gipfel. Zuletzt über gestufte Felsen (I-II) und ein Band zum höchsten Punkt, der einen zauberhaften Blick ins Nonstal bietet. Hin und zurück von der Sella del Montòz knapp 1 Std.

Eine bewirtschaftete Alm im Norden der Brenta: die Malga d'Arza.

Wer in der Brenta einsame Wege und Gipfel sucht, dem kann die Tour auf die Cima di Santa Maria empfohlen werden. Dabei sind die Chancen groß, dass man unterwegs mehr Gämsen als Menschen begegnet. Keine zehn Kilometer vom »Bocchette-Weg« ist die Einsamkeit – auch an schönen Sommertagen – fast absolut, herrscht die berühmte Bergesruh'. Vom höchsten Punkt der Fibbion-Kette bietet sich dann ein riesiges Panorama mit viel Dolomitfels im Südwesten und Nordosten: ganz nahe der Brenta-Hauptkamm, fern am Horizont die Dolomitenketten.

Von der **Malga d'Arza** (1507 m) folgt man zunächst der breiten Almstraße, die sanft ansteigend ins Val Selvata führt. Dahinter rechts ab (Tafel) und – nomen est omen – im Wald hinauf zur **Malga Loverdina** (1771 m).

Weiter bergan unter die felsigen Ausläufer der Loverdina, dann ohne weiteren Höhengewinn zu einem felsigen Abbruch. Dahinter öffnet sich die grünwellige Talmulde der Alpe di Campo. Steil etwa 100 Höhenmeter hinab zur Almhütte Campodenno (1978 m). Hier beginnt der lange, aber nur mäßig steile Anstieg ins »Obere Kar« (Cadin alto) und zur **Sella del Montòz** (2327 m). Am Pass rechts und mit Steinmännchen und orangen Markierungen in dem Karstgelände bergan gegen den Nordostgrat. Zuletzt im Geröll zum Gipfel, den eine Madonnenstatue ziert.

Abstieg auf dem Anstiegsweg.

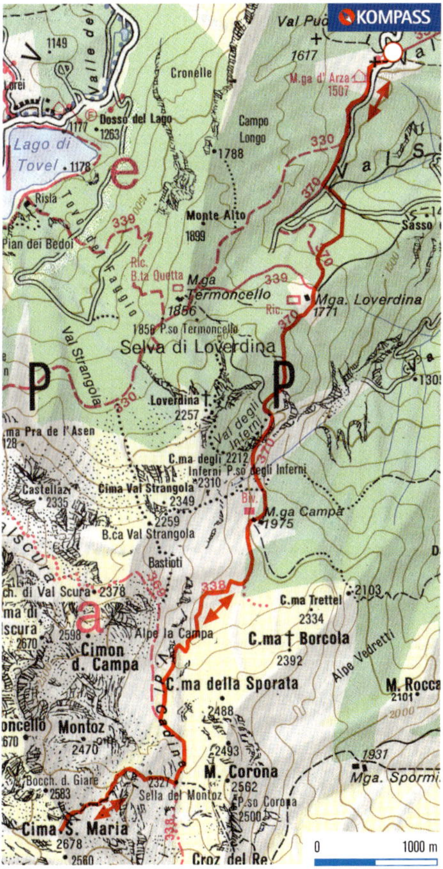

Über den Monte Peller, 2320 m

Aussichtswarte im Norden der Brenta

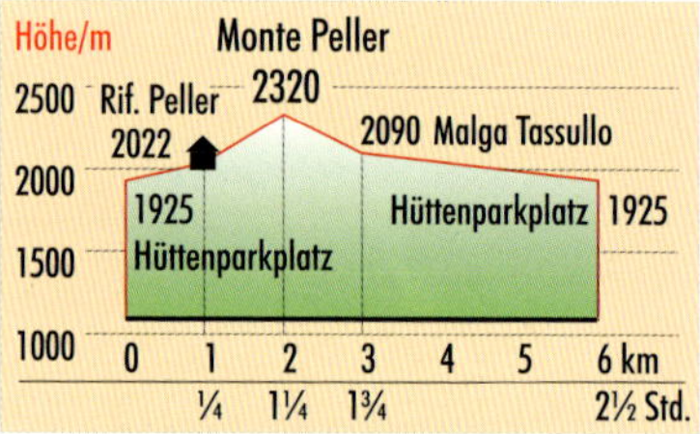

Ausgangspunkt: Parkplatz (1925 m) unterhalb des Rifugio Peller; Anfahrt von Cles im Val di Non über eine 17 km lange, größtenteils geschotterte Straße.
Bahn/Bus: Cles ist eine Station der Schmalspurbahn Trento – Mezzolombardo – Val di Sole.
Gehzeit: 2½ Std.
Charakter: Vergleichsweise kurze, aber doch recht anspruchsvolle Gipfelüberschreitung. Einige gesicherte Passagen, im Abstieg steiler Grashang. Trittsicherheit und etwas Bergerfahrung unerlässlich.
Einkehr: Rifugio Peller (20.6.–20.9.).
Karte: KOMPASS Nr. 73.

Im lang gestreckten Hauptkamm der Brenta ist der Monte Peller nur ein bescheidener Hügel, nicht zu vergleichen mit den grandiosen Felsbauten um Cima Brenta und Cima Tosa. Dank seiner weit nach Norden vorgeschobenen, isolierten Lage ist er aber ein fantastischer Aussichtsberg – und dazu noch einer mit recht kurzem Anstieg. Vor der Tour steht in diesem Fall allerdings eine recht lange und staubige Anfahrt, von Cles herauf bis zu dem Parkplatz knapp unterhalb des **Rifugio Peller** (2022 m).

In knapp einer Viertelstunde steigt man über eine steile Schotterpiste hinauf zu dem Haus. Hinter der Hütte leiten die Markierungen im Zickzack bergan zu den ersten Felsen (Drahtseil). Holzstufen erleichtern den Aufstieg über den anschließenden steilen Grashang. Bei einem hässlichen Antennenmast wechselt der Steig in die Nordostflanke des Berges.

Eine kurze Leiter führt auf ein gesichertes Band, das in eine kleine Scharte leitet.

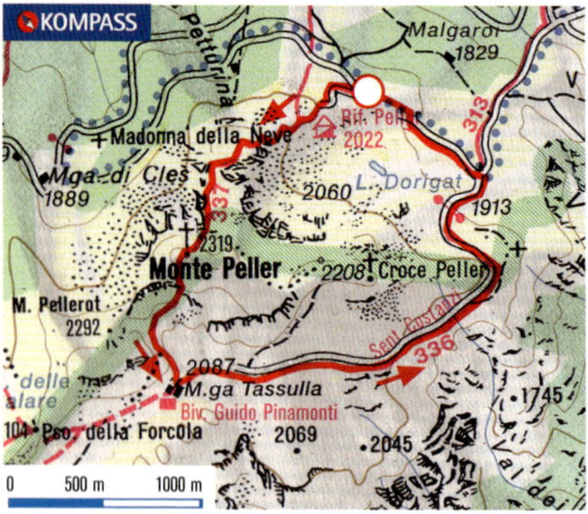

Ein schöner Aussichtsgipfel! Blick vom Monte Peller auf die zentrale Brenta.

Weiter gesichert am Grat entlang; über einen tiefen Spalt hilft eine Holzbrücke hinweg. Zuletzt über das grüne abgeflachte »Dach« zum trigonometrischen Zeichen am höchsten Punkt des **Monte Peller.**

Die Rundschau verdient locker drei Sternchen; grandios der Blick auf Ortlermassiv, Adamello und Presanella - ein starker Kontrast zum grünen Nonstal.

Am östlichen Horizont zeigen sich die Dolomiten, ganz nah im Süden die Brentazinnen, aus dieser Perspektive allerdings stark verkürzt.

Der Abstieg führt zunächst über die teilweise sehr steilen Grashänge der Südwestflanke hinunter in die Scharte zwischen Peller und Monte Pelleròt; bei Nässe ist hier besondere Vorsicht geboten. Anschließend weiter bergab zu der bereits sichtbaren **Malga Tassullo** (2090 m).

Auf der Sandstraße zurück zum Ausgangspunkt der Tour.

Cima Nana, 2572 m

Die Peller-Überschreitung lässt sich gut mit einer Besteigung der Cima Nana verbinden. Dabei lernt man das wunderschöne Hochplateau des Pian della Nana mit seinen Wiesen und Felsbuckeln kennen. Der Aufstieg mit der Markierung 336 führt über den Passo della Nana (2195 m) bis unter die Cima Nana. Hier rechts und über den Nordostgrat (ca. 100 Höhenmeter) zum Gipfelkreuz.

Beim Rückweg folgt man am Passo della Nana dem markierten Weg, der die Almen auf der Nordwestseite des Brenta-Kamms verbindet. Über die Malga Cavalli (2061 m), die winzigen Laghi Salare und die Malga di Cles (1889 m) wandert man – zuletzt auf einer Schotterpiste – zurück zum Parkplatz unterhalb der Pellerhütte.

Gesamtgehzeit gut 6 Std.

Lago di Tovel, 1177 m

Idylle oder Trubel?

Ausgangspunkt: Parkplätze knapp vor dem Lago di Tovel (1177 m). Anfahrt von Tuenno auf guter Straße; im Hochsommer nur bis 10.30 Uhr gestattet.
Bahn/Bus: Tuenno hat Busverbindung mit den Ortschaften des Nonstals. Zum Tovelsee fährt ab 10.30 Uhr ein Shuttlebus im 20-Minuten-Takt.
Gehzeit: Seerundweg 1 Std., Sentiero delle Glare 1¼ Std., Sentiero delle Antiche Segherie 30 Min.

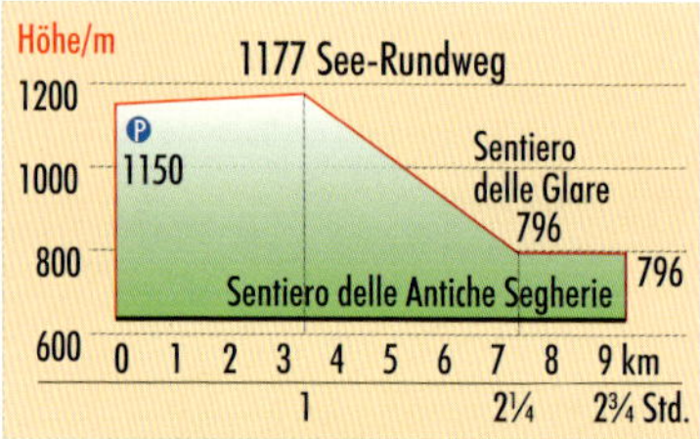

Charakter: Spaziergänge auf guten, bestens markierten Wegen.

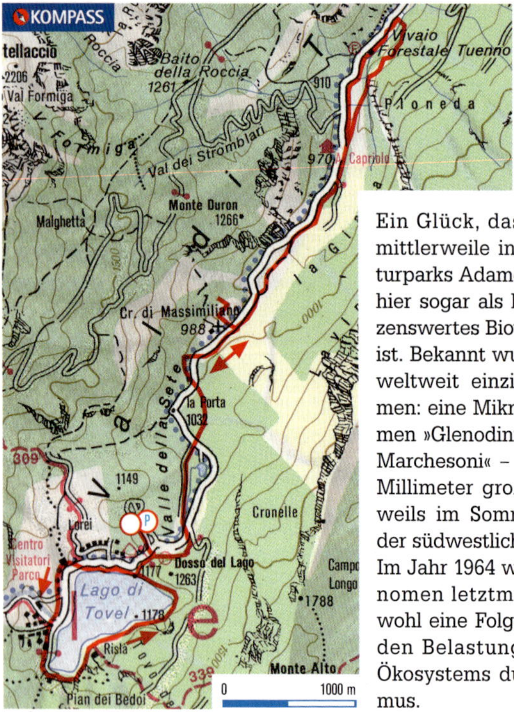

Einkehr: Albergo Capriolo, Albergo Lago Rosso, Albergo Miralago (alle im Sommer)
Karte: KOMPASS Nr. 73.

Ein Glück, dass der Tovelsee mittlerweile innerhalb des Naturparks Adamello-Brenta liegt, hier sogar als besonders schützenswertes Biotop ausgewiesen ist. Bekannt wurde er durch ein weltweit einzigartiges Phänomen: eine Mikrobe mit dem Namen »Glenodinium sanguineum Marchesoni« – gerade mal 0,02 Millimeter groß – verfärbte jeweils im Sommer das Wasser der südwestlichen Bucht tiefrot. Im Jahr 1964 wurde dieses Phänomen letztmals beobachtet, wohl eine Folge der zunehmenden Belastung des sensiblen Ökosystems durch den Tourismus.

Ein Landschaftsjuwel im Norden der Brenta: der Lago di Tovel.

Heute müssen sich die Besucher an die Parkregeln halten; die Zufahrt zum See ist während der Hochsaison reglementiert, es wurden große Parkplätze angelegt, dazu ein paar interessante Themenwege. So bleibt das idyllische Gewässer für Fußgänger und Biker reserviert, und vielleicht wird der Tovelsee ja eines Tages wieder zu einem »Lago Rosso«...

Auf der Anfahrt zum Bergsee durchquert man ein gewaltiges Bergsturzgelände, die so genannten Glare. Es ist erst rund 300 Jahre alt; die Gesteinsmassen – ein paar hunderttausend Kubikmeter Fels – lösten sich aus der Westwand des 1962 m hohen Monte Corno und stürzten zu Tal.

▶ ***Seerundweg***

Ein guter Weg verläuft rund um den bis zu 39 Meter tiefen, etwa 30 Hektar großen und von schönem Wald gesäumten **Tovelsee.** Schautafeln informieren über die Entstehung des Gewässers, über Flora und Fauna.

Das **Naturparkhaus** am Nordufer ist im Sommer täglich von 10–19 Uhr geöffnet.

▶ ***Sentiero delle Glare***

Neu angelegter, sehr schöner Weg, der abseits der Straße vom großen Parkplatz durch schönen Mischwald und das riesige Bergsturzgelände von **Glare** (Panoramapunkt) talabwärts zum **Albergo Capriolo** (796 m) führt. Mehrere Infotafeln.

▶ ***Sentiero delle Antiche Segherie***

Kleiner Rundweg beiderseits der Tresenga mit Ausgangspunkt beim Albergo Capriolo. Überreste alter, mit Wasser betriebener Sägereien an der Route.

Sella del Montòz, 2327 m

Einsame Brenta-Pfade

Ausgangspunkt: Parkplätze knapp vor dem Lago di Tovel (1177 m). Anfahrt von Tuenno auf guter Straße; im Hochsommer nur bis 10.30 Uhr gestattet

Bahn/Bus: Tuenno hat Busverbindung mit den Ortschaften des Nonstals. Zum Tovelsee fährt ab 10.30 Uhr ein Shuttlebus im 20-Minuten-Takt.

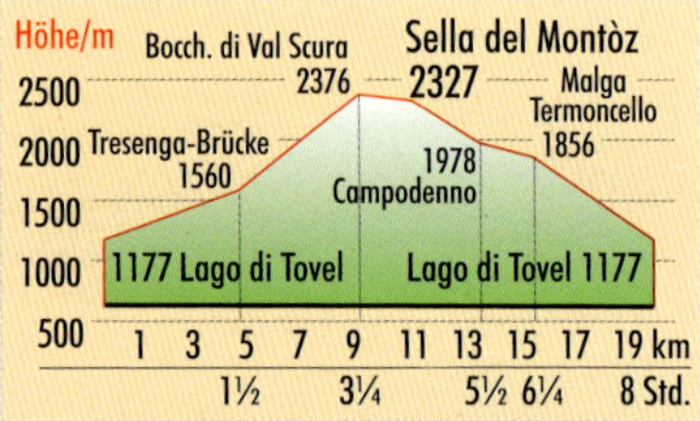

Gehzeit: Aufstieg 4½ Std., Abstieg 3½ Std.; gesamt 8 Std.

Charakter: Eine Wanderung in die Einsamkeit, fern von Campanile Basso, Sfulmini, Cima Brenta & Co., aber vielleicht gerade deshalb sehr reizvoll: the other side of paradise. Etwas für Naturfreunde, die lieber abseits ausgelatschter Pfade unterwegs sind. Dabei ist eine ordentliche Kondition von Vorteil.

Einkehr: Nur am Tovelsee.

Karte: KOMPASS Nr. 73.

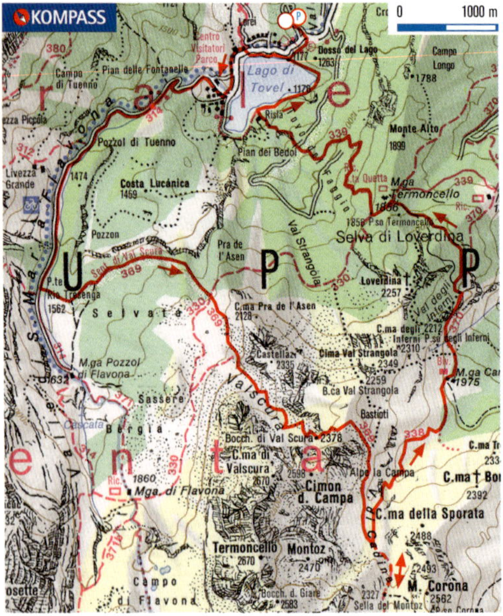

Auch Stille und Bergeinsamkeit gibt's in der Brenta, und manchmal (wenn die Hütten geschlossen sind) sogar an der »Via delle Bocchette«. Ganz bestimmt aber im Nordosten der Gebirgsgruppe, wo die Gipfelformen zwar nicht ganz so spektakulär sind, dafür gelegentlich der Bär herumstreift...

Die große Tour startet auf der Sandstraße, die vom idyllischen,

Schroffe Felsen säumen die Sella del Montòz.

waldumsäumten **Tovelsee** (1177 m) gemächlich ansteigend ins **Val di Santa Maria della Flavona** führt. Nach etwa einer Stunde quert man den Geröllstrom von Lavinone; wenig weiter zweigt links der »Sentiero di Val Scura« ab (Hinweistafel). Er überquert den (oft wasserlosen) Rio Tresenga und führt mit gelegentlichen Tiefblicken auf den Lago di Tovel im lichten Wald bergan. Unter den Ausläufern des Castelaz kreuzt man den Höhenweg, der die Almen von Flavona und Termoncello verbindet (siehe Tour 9). Nun zunehmend steiler in das felsumrahmte Gämsrevier des Val Scura und – teils über Geröll – hinauf in die **Bocchetta di Val Scura** (2376 m). Dahinter öffnet sich ein erster Blick in das einsame Bergrevier um die **Sella del Montòz** (2327 m). Nach kurzem Zwischenabstieg in das Hochtal wandert man flach hinüber in die zwischen der Fibbion-Kette und dem Monte Corona eingelagerte Senke.

Der Rückweg führt nördlich über die grün-grauen Wellen der Alpe Campo (Murmeltiere) zunächst sanft bergab zur **Malga Campodenno** (1978 m; Notbiwak), dann in steilem und anhänglichem Gegenanstieg (etwa 100 Höhenmeter) auf einen licht bewaldeten Rücken, von dem sich freie Sicht ins Nonstal bietet. Eine Abzweigung (Hinweis »Val Scura«) bleibt links, dafür nimmt man die unmarkierte Spur, die sich etwa 10 Minuten später vom rot-weiß bezeichneten Weg wegschleicht. Sie führt im Wald mit einer kleinen Gegensteigung um die Ausläufer der Loverdina herum und weiter hinunter zur **Malga Termoncello** (1856 m). Hier links unter dem großen Kreuz hindurch zu einer Weggabelung. Rechts haltend im Wald steil bergab, eine breite Schotterpiste kreuzend (alternative Abstiegsmöglichkeit), zum Südostufer des **Tovelsees** und wieder zurück zum Parkplatz.

9

Malga Flavona – Passo Termoncello, 1860 m

Wanderidylle über dem Tovelsee

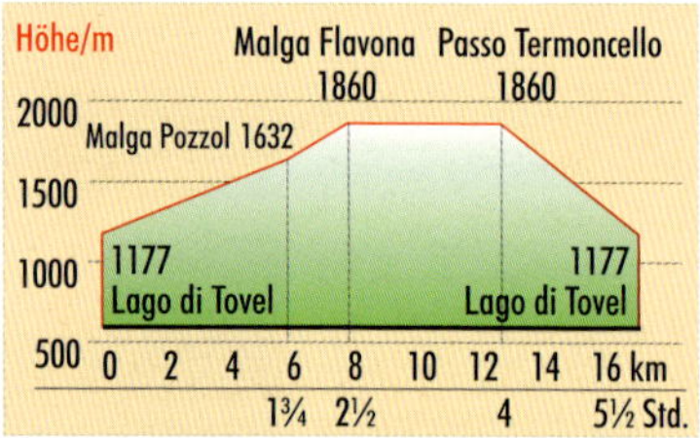

Ausgangspunkt: Parkplätze knapp vor dem Lago di Tovel (1177 m). Anfahrt von Tuenno auf guter Straße; im Hochsommer nur bis 10.30 Uhr gestattet.
Bahn/Bus: Tuenno hat Busverbindung mit den Ortschaften des Nonstals. Zum Tovelsee fährt ab 10.30 Uhr ein Shuttlebus im 20-Minuten-Takt.
Gehzeit: Aufstieg zur Malga Flavona 2½ Std., Übergang zur Malga Termoncello 1½ Std., Abstieg 1½ Std.; gesamt 5½ Std.
Charakter: Nur mäßig anstrengende, sehr lohnende Wanderrunde unter dem Nordkamm der Brenta. Vom Verbindungsweg zwischen den beiden Almen schöne Aussicht, dazu Tiefblicke auf den Lago di Tovel. Am See Besucherzentrum des Naturparks Adamello – Brenta.
Einkehr: Nur am Lago di Tovel.
Karte: KOMPASS Nr. 73.

Zu den schönsten Plätzen in der Brenta gehört zweifellos der Lago di Tovel. Knapp 40 ha groß, verdankt er seine Entstehung einem nacheiszeitlichen Bergsturz, der am Monte Corno abging und die Tresenga aufstaute. Berühmt geworden ist der See durch ein weltweit einzigartiges Phänomen: eine Mikrobe mit dem Namen »Glenodinium sanguineum Marchesoni« – gerade mal 0,02 Millimeter groß – verfärbte jeweils im Sommer das Wasser der südwestlichen Bucht tiefrot – ein ebenso seltenes wie spektakuläres Naturschauspiel. Allerdings auch eines mit be-

Eingebettet ins Waldgrün: der Tovelsee.

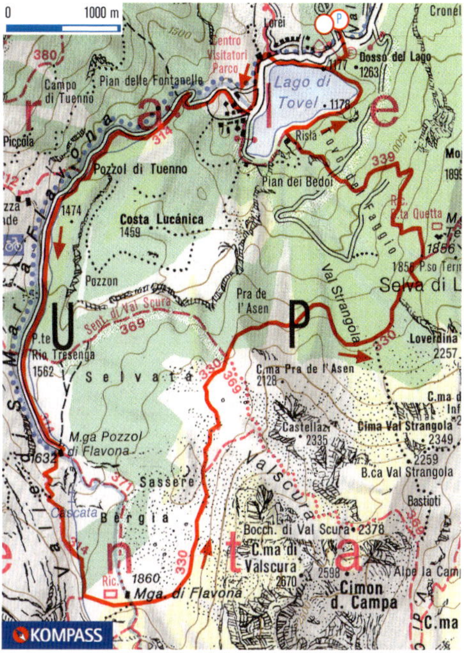

schränkter Haltbarkeit, denn die Entdeckung des waldumsäumt-verträumten Gewässers für den Tourismus und die damit verbundene Störung des sensiblen ökologischen Gleichgewichts leitete sein Ende ein. Im Jahr 1964 wurde das Phänomen letztmals beobachtet. Heute ist der Lago Rosso kein »Rotsee« mehr, aber ein sehr beliebtes Ausflugsziel. Und Ausgangspunkt für schöne Bergwanderungen im Norden der Brenta, fernab der spektakulären Felsbauten an der »Via delle Bocchette«. Eine lohnende Runde führt vom Lago di Tovel über die Almen von Flavona und Termoncello zurück zum See. Sie beginnt auf einer Sandstraße, führt vom Westufer des Sees ansteigend ins **Val di Santa Maria della Flavona.**

Im Talinnern zeigen sich die kalkhellen Brentazinnen um die Pietra Grande (2937 m). Man passiert den Geröllstrom von Lavinone; wenig später geht links der Weg ins Val Scura ab. Hinter der schön gelegenen **Malga Pozzol** (1632 m) nimmt die Steigung vorübergehend etwas zu. An der Weggabelung beim Tresenga-Bach hält man sich links; in wenigen Minuten ist die **Malga Flavona** (1860 m) erreicht. Die anschließende Höhenwanderung verläuft an der Ostflanke des Flavona-Tals; sie führt zunächst in eine eigenartige Höckerlandschaft am Fuß der Fibbion-Kette, dann mit einigem Höhenverlust am Eingang ins Val Scura vorbei und quer über die weite Mulde des Val Strangola. Zuletzt nochmals steigend, gewinnt der Hangweg den **Passo Termoncello** (1860 m), hinter dem sich die gleichnamige Alm erstreckt. Unmittelbar am Sattel links und auf etwas rauem Pfad im Wald steil, einige Felsabbrüche umgehend, hinunter zum **Tovelsee.** Auf dem viel begangenen Uferweg zurück zum Parkplatz.

Passo di Prà Castròn, 2502 m

Wandern zwischen zwei Welten

Ausgangspunkt: Parkplätze knapp vor dem Lago di Tovel (1177 m). Anfahrt von Tuenno auf guter Straße; im Hochsommer nur bis 10.30 Uhr gestattet.
Bahn/Bus: Tuenno hat Busverbindung mit den Ortschaften des Nonstals. Zum Tovelsee fährt ab 10.30 Uhr ein Shuttlebus im 20-Minuten-Takt.
Gehzeit: Lago di Tovel – Passo di Prà Castròn 4 Std., Passo di Prà Castròn – Abzweigung Passo di Val Formiga 2 Std., Rückweg/Abstieg 3¼ Std.; gesamt 9¼ Std.
Charakter: Ausgeprägt alpine Runde, die einige Anforderungen an Kondition und Trittsicherheit stellt. Beeindruckend die immer wieder wechselnden Landschaftseindrücke, herrliche Fernblicke.
Einkehr: Im Sommer auf der Malga Tuena.
Karte: KOMPASS Nr. 73.

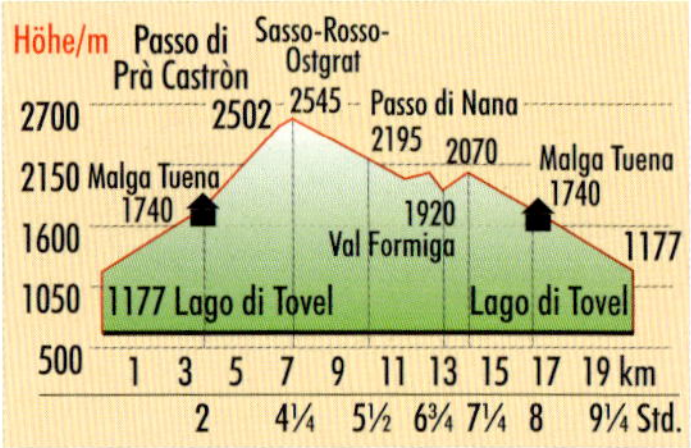

Neben den Postkartensujets mit den berühmten Felszinnen gibt es auch noch eine ganz andere Brenta: weniger spektakulär, aber gerade durch den Kontrast zu den Dolomittürmen des zentralen Hauptkamms von besonderem Reiz. So versteckt sich im Norden des Massivs zwischen zwei ganz unterschiedlichen Bergkämmen eine gut 5 km² große Hochalm. Ihr saftiges Grün teilen sich im Sommer das liebe Vieh und eine beachtliche Murmeltierpopulation. Höchster Punkt über der Alpe de la Nana ist der Sasso Rosso (2645 m), der seinem Namen alle Ehre macht, besteht er doch – wie fast der gesamte Nordwestkamm – aus rotem, schiefrigem Kalkmergel. Ganz anders der Südostrücken, der über mächtige, kompakte Mauern aus hellem Dolomit zum Toveltal hin abfällt.

Imposante Felsen begleiten den Aufstieg zum Passo di Prà Castròn.

Die große Tour startet am Parkplatz vor dem **Lago di Tovel**.
Man folgt zunächst der Nordruferstraße, bis rechts eine Tafel zur Malga Tuena weist. Mit einer Forstpiste über ein paar Schleifen bergan, dann sanft steigend zu ihrem Endpunkt. Hier links (Hinweis) und auf einem schönen Weg recht steil, aber überwiegend schattig ins ausgedehnte Almgelände von **Tuena** (1740 m) unter den himmelwärts schießenden Wänden der Cima dell'Uomo (2543 m). Weiter auf einem Fahrweg zur Mündung des Val Madrìs, dann auf schmalem Steig im Zickzack, teilweise über Geröll, hinauf in das ausgedehnte, spärlich begrünte Karrengelände der Prà Castròn di Tuenno. Rechts hat man den markanten »Schiffsbug« der Cima dell'Uomo; oben am Pass wird der Blick nach Westen, auf die ebenmäßige Felspyramide der Presanella (3558 m) frei.
Vom **Passo di Prà Castròn** (2502 m) leitet eine dünne Spur quer durch die Südhänge des Sasso Rosso (2645 m) und nach kurzem Steilanstieg hinauf zum Ansatzpunkt seines **Ostgrats** (2545 m) mit grandioser Aussicht. Am nordöstlichen Horizont bauen sich die Dolomitenketten auf, genau nordwestlich leuchtet der weiße Dom des Monte Cevedale (3769 m) im Ortlermassiv. Doch die eigentliche Überraschung ist der Blick in die riesige grüne Mulde der **Alpe de la Nana**, die sich fast 5 km weit bis zur Malga Tassulo erstreckt: Sommerfrische fürs liebe Vieh. Der Weiterweg folgt dem linken Rand dieser »Schüssel«, nach und nach an Höhe verlierend, über den **Passo de la Nana** (2195 m) hinaus bis unter den **Passo della Forcola** (2104 m). Der bleibt links oberhalb; ein Wegzeiger weist rechts zum Passo di Val Formiga. Weitgehend weglos, aber bestens markiert, quert man das verkarstete Gelände, erst bis zu ein paar Tümpeln leicht ab-, dann wieder sanft ansteigend in den **Pass** (2072 m). Dahinter bricht das Gelände ganz unvermittelt jäh ab. Das Steiglein schwindelt sich hinunter ins Val Formiga, verliert dabei ca. 150 m an Höhe. Die werden anschließend – auf der langen, sehr aussichtsreichen Hangquerung – wieder eingeholt. Erst unter den Pale della Vallina (2397 m) beginnt der eigentliche Abstieg zur Alm; er läuft über eine markante Geländeschulter (1932 m) hinab zur Zufahrtsstraße. Auf ihr flach zur **Malga Tuena** (1740 m), dann über den Anstiegsweg hinunter zum **Tovelsee**.

Livezza grande, 2180 m

Einsame Hochkare über dem Tovelsee

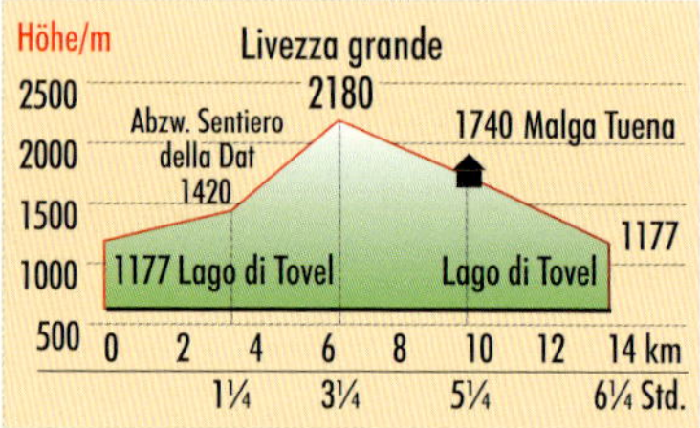

Ausgangspunkt: Parkplätze knapp vor dem Lago di Tovel (1177 m). Anfahrt von Tuenno auf guter Straße; im Hochsommer nur bis 10.30 Uhr gestattet.
Bahn/Bus: Tuenno hat Busverbindung mit den Ortschaften des Nonstals. Zum Tovelsee fährt ab 10.30 Uhr ein Shuttlebus im 20-Min.-Takt.
Gehzeit: Aufstieg 3¼ Std., Übergang zur Malga Tuena 2 Std., Abstieg 1 Std.; gesamt 6¼ Std.
Charakter: Aussichtsreiche Tour in das Almrevier westlich über dem Tovelsee. Trittsicherheit und etwas Ausdauer erforderlich.
Einkehr: Im Sommer auf der Malga Tuena (1740 m).
Karte: KOMPASS Nr. 73.

Gämsen, Murmeltiere und Edelweiß. Dies und noch weit mehr bietet diese Runde an der Nordkette der Brenta, fernab ausgelatschter Pfade. Gut tausend Höhenmeter stehen dabei an, ein ganz ordentliches Pensum; der Aufstieg über den »Sentiero della Dena« ist aber nie langweilig. Er führt zunächst durch eine male-

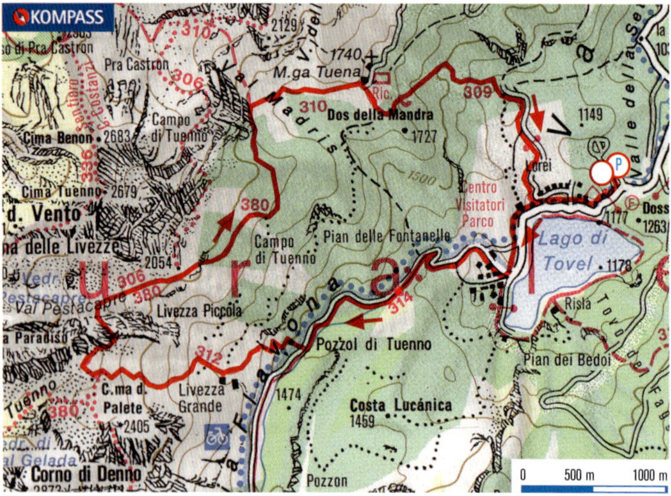

Leider häufig in der Brenta: Nebel. Wegzeiger in der Livezza grande.

rische Klamm in freies Almgelände, dann an einem Hang hinauf zum quer verlaufenden »Sentiero delle Palete«. Dem folgt man bis über das Kar Livezza piccola hinaus, um dann abzusteigen zur Malga Tuena. Mit dem gewaltigen Felsbug der Cima dell'Uomo (2543 m) als finalem Dolomiten-Sujet.

Vom großen Parkplatz wandert man auf der Straße am Nordufer des **Tovelsees** (1177 m) entlang, dann ansteigend ins bewaldete Valle di Santa Maria di Flavona. Hinter der Brücke über den Rio Dat zweigt rechts der **»Sentiero della Dena«** ab (Tafel). Er steigt in Kehren an; Drahtseile sichern etwas ausgesetzte Passagen. Auf einer soliden Holzbrücke überquert man den Rio Dena. Im Zickzack hinauf ins idyllische Almgelände, dann an dem teilweise verstrauchten Hang mit schöner Sicht auf die Felsumrahmung der Livezza grande weiter bergan. In der Karmulde (2180 m) stößt man auf den querführenden »Sentiero delle Palete«.

Mit ihm erst flach, dann kurz steigend um ein Edelweißeck herum in die Livezza piccola, anschließend bergab zum Felsfuß der Cima del Vento, wo man den »Palete-Steig« verlässt. Rot-weißen Markierungen folgend über die weiten Almböden des Campo di Tuenno. An der Waldgrenze wird aus der dünnen Spur ein breiter Weg, der hinabläuft ins Val Madris.

Eine Sandstraße führt hinaus zur **Malga Tuena** (1740 m). Auf gutem, teilweise etwas steilem Weg weiter talwärts, zuletzt auf einer Forstpiste zum **Tovelsee** und mit der Straße zurück zum Parkplatz.

Gesicherte Passage am »Sentiero della Dena«.

Sentiero Claudio Costanzi

Schlicht großartig!

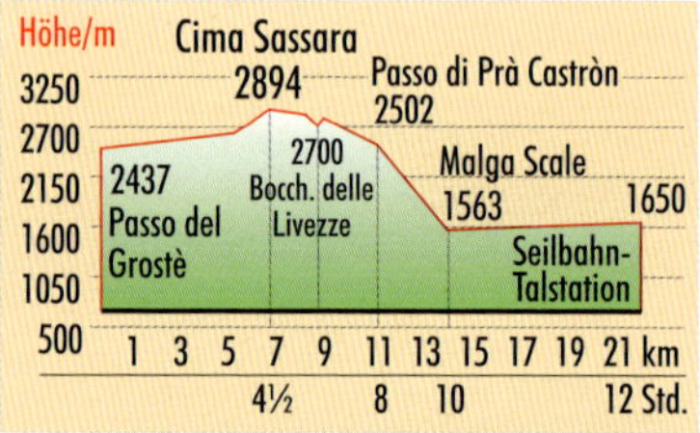

Ausgangspunkt: Seilbahnstation am Passo del Grostè (2437 m); Talstation oberhalb von Madonna di Campiglio am Campo Carlo Magno.
Bahn/Bus: Madonna di Campiglio hat Busverbindungen mit Bozen, Trento und den Ortschaften der weiteren Umgebung. Die Grostè-Gondelbahn ist vom Mitte Juli bis Mitte September in Betrieb; erste Fahrt um 8.30 Uhr.
Gehzeit: »Sentiero Costanzi« 8 Std. (bis zum Bivacco Bonvecchio ab Grostè-Pass etwa 4½ Std.), Abstieg zur ehemaligen Malga Scale 2 Std., Rückweg 2 Std.; gesamt etwa 12 Std.
Charakter: Sehr anspruchsvolle Überschreitung des Brenta Nordkamms, vom Passo del Grostè bis in den Passo di Prà Castròn. Auf kürzeren Abschnitten gesichert, aber auch viele ungesicherte Kletterstellen im I. Schwierigkeitsgrad, wenige auch I-II. Absolute Trittsicherheit und Bergerfahrung sind unerlässlich; bei Nässe sind die Querungen abschüssiger Grashänge gefährlich. Bohrhaken ermöglichen hier eine Partnersicherung (20-m-Seil). Insgesamt eine traumhafte Tour, als Tagespensum allerdings nur für absolute Konditionsbolzen! Viel schöner mit einer Übernachtung auf dem Bivacco Bonvecchio (2790 m) knapp unter dem Gipfel der Cima Sassara.
Einkehr: Unterwegs keine. Beide Biwaks (Bonvecchio und Costanzi) sind kleine Selbstversorgerhütten. Schlafsack und Proviant mitnehmen, auch ausreichend Getränke (kaum Wasser am Grat).
Karte: KOMPASS Nr. 73.

Brentazauber ohne Brentarummel. Auf diese Kurzformel lässt sich das Erlebnis »Costanzi-Weg« bringen. Wenn die zentrale Brenta ihren alljährlichen Besucherboom erlebt und auf den Hütten qualvolle Enge herrscht, ist man in der Nordkette meistens allein: Einsamkeit als Trumpf des »Sentiero Claudio Costanzi« – aber keineswegs der einzige dieser großartigen Route! Nur sehr sparsam gesichert, läuft das Weglein in ständigem Auf und Ab über mehrere Gipfel und Scharten, manchmal dem Grat folgend, dann wieder in die steilen, schrofigen Flanken ausweichend. Man darf den Erbauern – Mitgliedern der SAT-Sektion Dimaro – wirklich gratulieren: Sie haben hier einen Steig angelegt, der fast ohne »Eisen« auskommt, absolut logisch in seinem Verlauf ist und ein Höchstmaß an Landschaftsgenuss bietet. Allein schon die Aussicht ist ein Fest für Augen und Gemüt: Im Nordosten begrenzt die Zackenreihe der Dolomiten den weit gespannten Horizont, im Norden sind es die Firngrate des Alpenhauptkamms und der Ortlergruppe, im Westen Presanella und Adamello. Genau südlich baut sich die zentrale Brenta, das berühmte »Traumbild in Dolomit«, auf. Mit deren faszinierenden

Felsformen kann die Nordkette nicht konkurrieren; am Sasso-Alto-Kamm, dem man von der Bocchetta dei Tre Sassi bis zum Passo di Prà Castron folgt, zeichnen keine Sfúlmini ihr bizarres Profil in den blauen Himmel. Der »Sentiero Costanzi« liefert keine Wiederholung klassischberühmter Bocchette-Weg-Motive. Die Szenerie ist trotzdem beeindruckend und vielgestaltig, wenn auch weniger monumental, obwohl man sich in Höhen zwischen 2500 m und fast 2900 m bewegt. Den Zustieg vom Passo del Grostè vermittelt der »Sentiero Vidi« (siehe Tour 14). Insgesamt keine Tour für Anfänger, aber ein grandioses Erlebnis für den erfahrenen Bergsteiger!

Vom **Grostè-Pass** (2446 m) leiten die Markierungen über einen Grashang in die ostseitigen Steilhänge der Pietra-Grande. Kurz aufwärts zu einem bequemen Felsband (Drahtseile), das auf einen Schrofenhang ausläuft. Über ihn zum Grat (2624 m). Ein gesicherter Felsspalt leitet in die Westflanke. Der »**Vidi-Steig**« folgt nun Bändern und Geröllterrassen, zuerst an-, dann wieder absteigend (zwei Leitern); Drahtseile entschärfen einige etwas heikle Passagen (Steilrinnen). An einer markanten Kuppe, dem Sperone degli Orti (2522 m), mündet ein bezeichneter Zustieg vom

Rifugio Graffer. Der Weiterweg läuft durch die Westabstürze der Cima Vagliana hinaus zu ihrem Nordwestgrat und mündet dann in den Geröllkessel unter der **Bocchetta dei Tre Sassi** (2614 m). Rechts haltend hinauf in das Joch. Aus der Scharte zunächst im Geröll, dann über leichte, gestufte Felsen bergan zu einer Terrasse westlich unter dem Corno di Flavona (2918 m). Hier öffnet sich ein schöner Tiefblick auf den von Wald umrahmten Hotelort Madonna di Campiglio; darüber stehen die Gipfel der Presanella-Gruppe.

Wegspur und Markierungen leicht kurz abwärts in den **Passo di Val Gelada** (2686 m). Der »Costanzi-Weg« zieht über eine steile Schotterreiße aufwärts gegen den Sasso Alto (2897 m). Am Felsansatz entdeckt man eine Eisenleiter – die einzige des Steigs –, die zusammen mit Drahtseilen den weiteren Anstieg über den Südgrat erleichtert. Der Gipfel bleibt rechts; an einer Felsnase weisen die Markierungen links auf ein Geröllband (Drahtseile), das leicht fallend in die Scharte zwischen Sasso Alto und Cima Sassara leitet. Jenseits kurz hinauf zur Westschulter der Cima Sassara (2894 m), wo sich die Spur gabelt: links direkt zum **Bivacco Bonvecchio** (2790 m), rechts zum Gipfel mit Kreuz und herrlichem Panorama.

Von der **Cima Sassara** hat man freie Sicht hinüber zu den beiden nächsten Hochpunkten am »Sentiero Costanzi«, die **Cima Paradiso** (2838 m) und die Cima Rocca (2831 m). Der Aufstieg erfolgt über die Ostflanke; dabei sind an der Scharte vor dem Paradiso und der anschließenden Querung einige etwas heikle Stellen zu meistern. Größte Vorsicht ist dabei angesichts der sehr sparsam gesetzten Sicherungen geboten, lauern unterhalb der abschüssigen Grashänge doch senkrechte Felsabstürze! Nach kurzer Kletterei (I) ist der Grat wieder gewonnen; die guten Markierungen leiten hinüber zur **Cima Rocca**. Anschließend geht es steil und nur teilweise gesichert hinab in die **Bocchetta delle Livezze** (ca. 2700 m).

Ein zwar kurzer, aber senkrechter Kamin erweist sich trotz des Fixseils als etwas knifflig.

Aus der Scharte gleich wieder steil bergan gegen die **Cima delle Livezze** (2780 m). Das Weglein quert bald in die schrofige Westflanke und umgeht so den höchsten Punkt. Den kleinen Abstecher zum Gipfel wird man sich aber nicht entgehen lassen, allein schon wegen des einmaligen Tiefblicks auf den Tovelsee (1177 m).

Nördlich am Grat absteigend, stößt man bald wieder auf die rot-weißen Markierungen. Ganz nahe ist nun die wuchtig aufragende **Cima del Vento** (2761 m). Sie wird vom »Sentiero Costanzi« östlich umgangen. Diese Traverse gehört zu den Highlights der Route. In ständigem Auf und Ab schlängelt sich das schmale Weglein durch eine Kulisse, die das Prädikat wildromantisch wirklich verdient: bizarre Felstürme, tiefe Schluchten und abschüssige

Blick vom Bivacco Costanzi zum Monte Cevedale (Ortlermassiv).

Grashänge, besetzt mit zahllosen Edelweiß. Die Markierungen leiten sicher zurück zum Grat, wo sich dem Höhenwanderer bald das nächste Hindernis in den Weg stellt: die **Cima di Tuenno** (2679 m). Auch sie wird vom »Sentiero Costanzi« umgangen, was wohl manch eine/r nach all dem Auf und Ab mit einer gewissen Erleichterung zur Kenntnis nehmen wird (für Gipfelsammler: 10 Min., leicht). Der Weiterweg läuft am schmalen Grat hinüber zur Cima Benon (2687 m), wendet sich am Fuß des felsigen Gipfelaufbaus aber nach links, um im Geröll leicht zur flachen Westschulter anzusteigen. Hier wird erstmals der Endpunkt der Überschreitung sichtbar, der **Passo di Prà Castròn** (2502 m). Über der breiten Senke, die man nach kurzem Abstieg erreicht, baut sich wuchtig der aus dünnschiefrigen roten Kalkmergeln bestehende Sasso Rosso auf. Am Joch (Wegzeiger) wendet man sich nach links. Der Abstieg durch das **Valle del Vento** ist bestens markiert, im Verlauf aber recht kompliziert – jedoch nicht ohne Grund. Das Steiglein umgeht auf diese Weise immer wieder kleinere und größere Abbrüche. So wird beispielsweise der »Einstieg« in den Graben erst nach längerer Querung von der Verzweigung unter dem Sasso Rosso erreicht (rechts zum Bivacco Costanzi).

Bei der aufgelassenen **Malga Scale** (1563 m) biegt man ein in den mit 355 bezeichneten Talweg. Er führt in leichtem Auf und Ab im oberen Val Meledrio taleinwärts, teilweise mit Forstpisten. An einer Verzweigung spitzwinklig links weiter (Wegzeiger »Malga Mondifra«) und ansteigend ins Almgelände, dann auf breiter Sandstraße zurück zur Talstation der **Grostè-Seilbahn**.

Sentiero delle Palete – Passo di Val Gelada

Am Nordkamm der Brenta

Ausgangspunkt: Seilbahnstation am Passo del Grostè (2437 m); Talstation oberhalb von Madonna di Campiglio am Campo Carlo Magno.
Bahn/Bus: Madonna di Campiglio hat Busverbindungen mit Bozen, Trento und den Ortschaften der weiteren Umgebung.
Die Grostè-Seilbahn ist von Mitte Juli bis Mitte September in Betrieb; erste Fahrt 8.30 Uhr, letzte Fahrt 17 Uhr.
Gehzeit: Passo del Grostè – Passo di Val Gelada 4 Std., Rückweg über den »Sentiero Vidi« 2¼ Std.; gesamt 6¼ Std.
Charakter: Alpine Tour mit einigen gesicherten Passagen in einer großen, einsamen Dolomitenlandschaft. Am »Sentiero Costanzi« kurze, leichte Kletterstellen (I). Klettersteigset und Helm empfehlenswert.
Einkehr: Am Passo del Grostè.
Karte: KOMPASS Nr. 73.

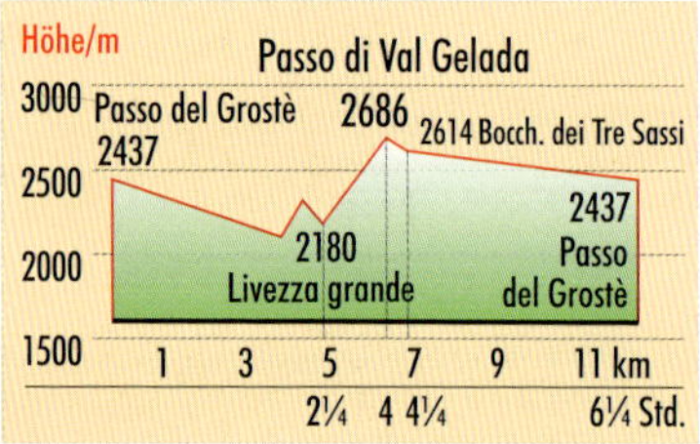

Wem die große Überschreitung der Nordkette auf dem »Sentiero Costanzi« (s. Tour 12) zu anspruchsvoll ist, hat in dieser kürzeren, weniger anspruchsvollen Runde um die Pietra Grande (2937 m) eine interessante Alternative. Etwas Eisen gibt es hier ebenfalls, am »Sentiero delle Palete«, im Valle Gelada di Tuenno und am »Sentiero Vidi«, eine beeindruckend wilde Felskulisse, üppige Blumenwiesen und schöne Fernblicke, östlich bis in die Dolomiten, nach

Am »Sentiero Vidi«; Blick zum Adamello-Presanella-Massiv.

Westen und Nordwesten zu Adamello-Presanella und Ortlermassiv. Die Rundtour beginnt mit einem längeren Abstieg. Der »Sentiero delle Palete« führt vom **Passo del Grostè** (2446 m) unter den Ostwänden der Pietra Grande über die steinigen Wiesen von Castròn di Flavona sanft fallend zur Mündung des Val delle Giare, wo man den aus dem Valle di Santa Maria della Flavona kommenden Weg kreuzt. Geradeaus und über Bänder schräg aufwärts gegen die Felsen. Drahtseile und ein paar Eisenkrampen erleichtern den Aufstieg über die steile Rampe links der Schlucht, die vom Passo delle Palete (2317 m) herabzieht.
Jenseits der Scharte im Geröll hinunter zur Wegverzweigung im Karboden der **Livezza grande** (2180 m). Hier links und aus der grünen Mulde, von den rot-weißen Markierungen geleitet, bergan gegen einen markanten Felsriegel, den so genannten **Salt.** Am Drahtseil querend zu einer Leiter, dann in eine steile, mit Eisenstiften und einem Drahtseil entschärfte Rinne. Rund 50 Meter höher entsteigt man der Rampe in das Val Gelada di Tuenno. Zunehmend mühsamer in lockerem Schutt aufwärts, zuletzt mit Drahtseilhilfe über ein paar Felsen in den **Passo di Val Gelada** (2686 m).
Hier stößt man auf den »Sentiero Costanzi«. Er führt westseitig um das Corno di Flavona herum, erst auf bequemen Bändern, dann über kleine Felsstufen (I) absteigend in die **Bocchetta dei Tre Sassi** (2614 m). Kurz hinab in das Val Gelada di Campiglio, dann mit einer deutlichen Geröllspur hinaus zu einer markanten Geländeschulter am langen Nordwestgrat der Cima Vagliana. Weiter auf Bändern quer durch die Westflanke der Pietra Grande, wobei mehrere Rinnen zu queren sind. Drahtseile sichern am »Sentiero Vidi« die etwas heiklen Passagen, Leitern helfen über Absätze hinweg. Ein Felsspalt führt schließlich auf den Südgrat des Bergstocks. Über einen Schrofenhang steigt man links ab zu einem Horizontalband (Drahtseile). Hinunter zum Felsfuß und auf deutlicher Spur zurück zum **Passo del Grostè.**

Der Sentiero Vidi

Aussichtswandern an der Pietra Grande

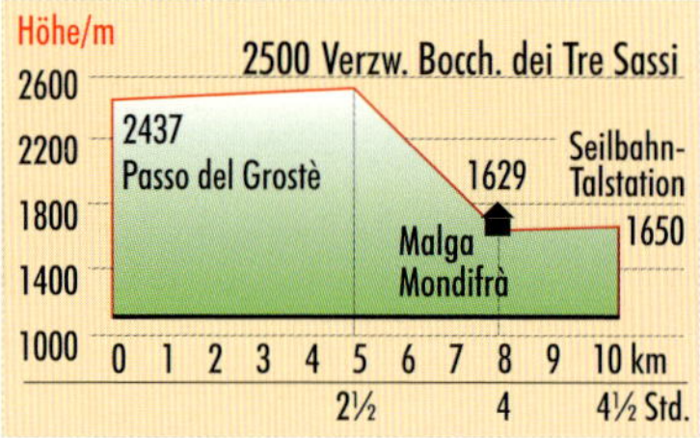

Ausgangspunkt: Seilbahnstation am Passo del Grostè (2437 m); Talstation oberhalb von Madonna di Campiglio am Campo Carlo Magno.
Bahn/Bus: Madonna di Campiglio hat Busverbindungen mit Bozen, Trento und den Ortschaften der weiteren Umgebung. Die Grostè-Gondelbahn ist von Mitte Juli bis Mitte September in Betrieb; erste Fahrt 8.30 Uhr.
Gehzeit: »Sentiero Vidi« – Bocchetta dei Tre Sassi 2½ Std., Abstieg 2 Std.; gesamt 4½ Std.
Charakter: Landschaftlich sehr schöne Wanderung an der Brenta Nordkette mit längeren gesicherten Passagen. Schwindelfreiheit und ein sicherer Tritt sind unerlässlich, die Benützung eines Klettersteigsets ratsam.
Einkehr: Im Sommer in der Malga Mondifrà. Da kann man auch Eigenprodukte kaufen.
Karte: KOMPASS Nr. 73.

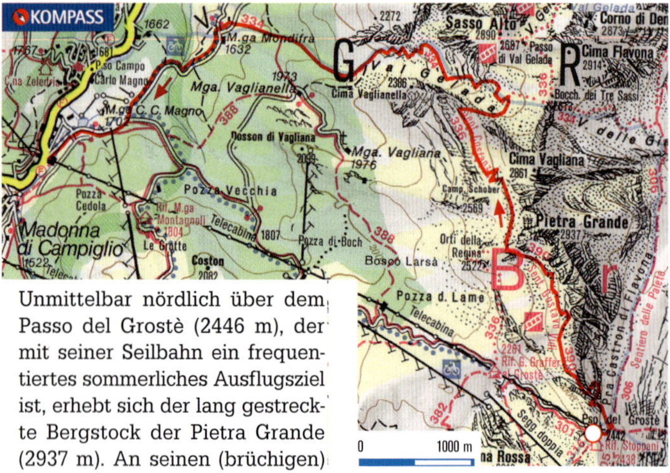

Unmittelbar nördlich über dem Passo del Grostè (2446 m), der mit seiner Seilbahn ein frequentiertes sommerliches Ausflugsziel ist, erhebt sich der lang gestreckte Bergstock der Pietra Grande (2937 m). An seinen (brüchigen) Steilflanken verläuft der »Sentiero Gustavo Vidi«, ein leichter Klettersteig, der teilweise horizontalen Felsbändern folgt und so ein leichtes »Bocchette-Weg-Feeling« vermittelt. Großartig die Aussicht nach Westen und Nordwesten, auf Presanella und Ortlerberge.

Vom »Sentiero Vidi« geht der Blick in die zentrale Brenta.

Vom **Grostè-Pass** (2446 m; Hinweistafel) leiten die Markierungen über einen Grashang in die ostseitigen Steilhänge der Pietra-Grande. Kurz aufwärts zu einem bequemen Felsband (Drahtseile), das auf einen Schrofenhang ausläuft. Über ihn zum Grat (2624 m). Ein gesicherter Felsspalt leitet in die Westflanke. Der »Vidi-Steig« folgt nun Bändern und Geröllterrassen, zuerst an-, dann wieder absteigend (zwei Leitern); Drahtseile entschärfen einige etwas heikle Passagen (Steilrinnen). An einer markanten Kuppe, dem **Sperone degli Orti** (2522 m), mündet ein bezeichneter Zustieg vom Rifugio Graffer, den man als Zwischenabstieg benützen kann. Der Weiterweg läuft durch die Westabstürze der Cima Vagliana (2861 m) hinaus zu ihrem Nordwestgrat und senkt sich dann leicht in den Geröllkessel unter der **Bocchetta dei Tre Sassi** (2614 m). Rechts hoch am Grat entdeckt man ein riesiges Felsenfenster.

Der Abstieg verläuft durch das von senkrechten Felsen flankierte Val Gelada di Campiglio; dabei umgeht der gut markierte, etwas raue Weg eine felsige Talstufe an ihrer rechten Seite. Nach unten hin nimmt die Steilheit allmählich ab; im Wald wandert man hinaus zur **Malga Mondifrà** (1629 m).

Auf einer Sandstraße zurück zur Seilbahn am **Campo Carlo Magno.**

15

Rund um die Pietra Grande

Oben einsteigen

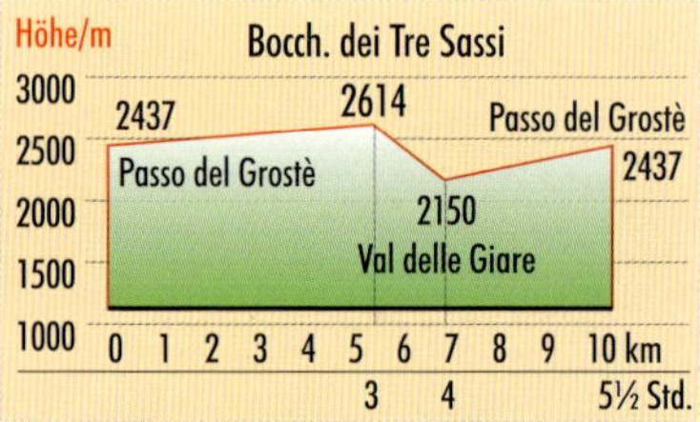

Ausgangspunkt: Seilbahnstation am Passo del Grostè (2437 m); Talstation oberhalb von Madonna di Campiglio am Campo Carlo Magno.
Bahn/Bus: Madonna di Campiglio hat Busverbindungen mit Bozen, Trento und den Ortschaften der weiteren Umgebung. Die Grostè-Gondelbahn ist von Mitte Juli bis Mitte September in Betrieb; erste Fahrt 8.30 Uhr, letzte Fahrt 17 Uhr.
Gehzeit: Passo del Grostè – Bocchetta dei Tre Sassi 3 Std., Rückweg via »Sentiero delle Palete« 2½ Std.; gesamt 5½ Std.
Charakter: Aussichtsreiche Rundtour auf gut markierten Wegen, am »Sentiero Vidi« gesicherte Passagen. Schwindelfreiheit und ein sicherer Tritt sind unerlässlich, die Benützung eines Klettersteigsets ratsam.
Einkehr: Am Passo del Grostè.
Karte: KOMPASS Nr. 73.

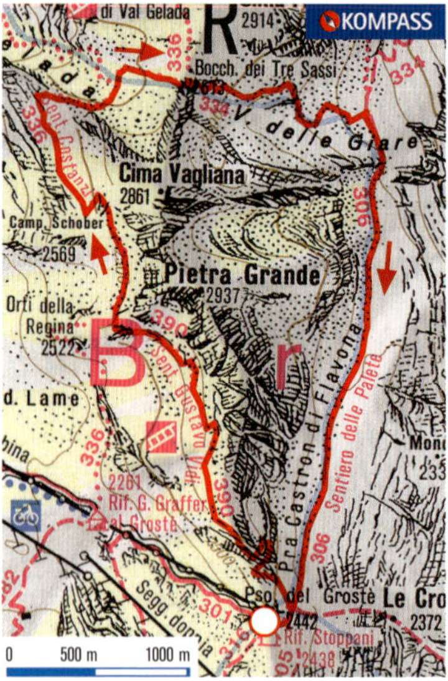

Als alpine Schönheit möchte man den »Großen Stein« (=Pietra Grande, 2937 m) nicht unbedingt bezeichnen, mit seiner Masse ist er aber auf jeden Fall eine eindrucksvolle Erscheinung. Nicht zu übersehen sind allerdings auch die mächtigen Geröllreißen in seinen Flanken, die auf ein wenig festes Gestein schließen lassen. Das ist auch der Grund dafür, weshalb der Gipfel nur selten Besuch erhält. Lohnender als die gefährliche Plackerei im losen Untergrund ist eine Umwanderung der Pietra Grande. Im Bereich des »Sentiero Vidi« abschnittweise gesichert, bietet die Runde über die Bocchetta dei Tre Sassi (2614 m) vielfältigste Eindrücke. Dazu gehören auch stimmungsvolle Fernblicke bis zu den Ortlerbergen und zu den Dolomiten; an der Bocchetta

Bestens gesichert: der »Sentiero Vidi«, ein wenig schwieriger Klettersteig.

dei Tre Sassi, die ihren Namen von drei Felszacken hat, ist man dann meistens allein, dem Trubel rund um den Passo del Grostè schon weit entrückt. Der Weg in die Stille – auch in der Brenta ist er oft nicht weit.

Vom **Grostè-Pass** (2446 m; Hinweistafel) leiten die Markierungen über einen Grashang in die ostseitigen Steilhänge der Pietra Grande. Kurz aufwärts zu einem bequemen Felsband (Drahtseile), das auf einen Schrofenhang ausläuft. Über ihn zum Kamm (2624 m). Ein gesicherter Felsspalt leitet in die Westflanke. Der »Vidi-Steig« folgt nun Bändern und Geröllterrassen, zuerst an-, dann wieder absteigend (zwei Leitern); Drahtseile entschärfen einige etwas heikle Passagen (Steilrinnen). An einer markanten Kuppe, dem **Sperone degli Orti** (2522 m), mündet ein bezeichneter Zustieg vom Rifugio Graffer, den man als Zwischenabstieg benützen kann. Der Weiterweg läuft durch die Westabstürze der Cima Vagliana (2861 m) hinaus zu ihrem Nordwestgrat und mündet dann in den Geröllkessel unter der **Bocchetta dei Tre Sassi** (2614 m). Rechts haltend hinauf in die Scharte. Der Rückweg führt zunächst ostwärts hinunter in die steinige Karmulde des innersten **Val delle Giare.** Er bietet schöne Aussicht auf die nur selten besuchte Fibbion-Kette, die sich jenseits des Val di Santa Maria della Flavona erhebt. Hoch über dem Tal stößt man auf den »Sentiero delle Palete«.

Er steigt südwärts an gegen die Blumenwiesen der **Prà Castron di Flavona;** zur Rechten ragt wuchtig die geröllbeladene Pietra Grande in den Himmel. Zuletzt stärker steigend zurück zum **Passo del Grostè** (2446 m).

Der Monte Spinale, 2104 m

Das Belvedere über Madonna di Campiglio

Ausgangspunkt: Rifugio Vallesinella (1513 m), knapp 5 km von Madonna di Campiglio. Zufahrt mautpflichtig; wenn die Parkplätze besetzt sind, verkehrt ein Shuttlebus.
Bahn/Bus: Madonna di Campiglio hat Busverbindungen mit Bozen, Trento und den Ortschaften der weiteren Umgebung.
Gehzeit: Aufstieg 2½ Std., Abstieg 1¾ Std.; gesamt 4¼ Std.
Charakter: Leichte, aber sehr aussichtsreiche Wanderung; Absoluter Blickfang ist der Hauptkamm der Brenta.
Daneben bietet die Tour auch freie Sicht auf die Gipfelketten der Presanella und des Adamello.
Einkehr: Rif. Vallesinella (Anfang Juni – Mitte Okt.), Rif. Monte Spinale (Ende Juni – Anfang Sept.).
Karte: KOMPASS Nr. 73.

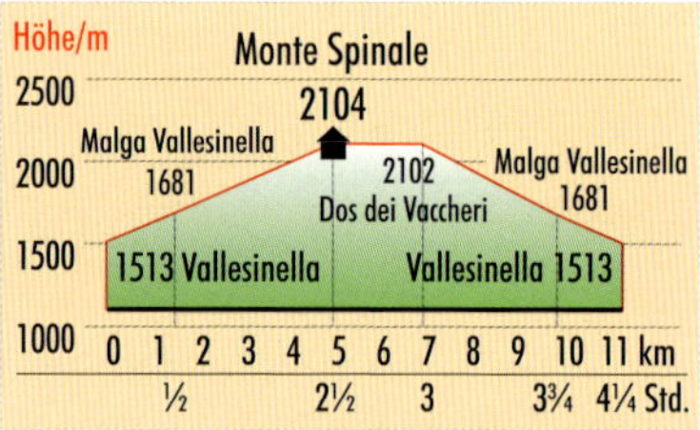

Der Monte Spinale, ein mächtiger, abgeflachter Rücken, der sich unmittelbar über Madonna di Campiglio erhebt, gilt als eine besonders schöne Aussichtswarte vor dem Brenta-Hauptkamm. So ist es natürlich kein Zufall, dass hier schon früh eine erste Seilbahn erbaut wurde: ganz bequem zum großen Panorama. Man kann natürlich auch zu Fuß gehen, was ungleich schöner ist. Die nordsei-

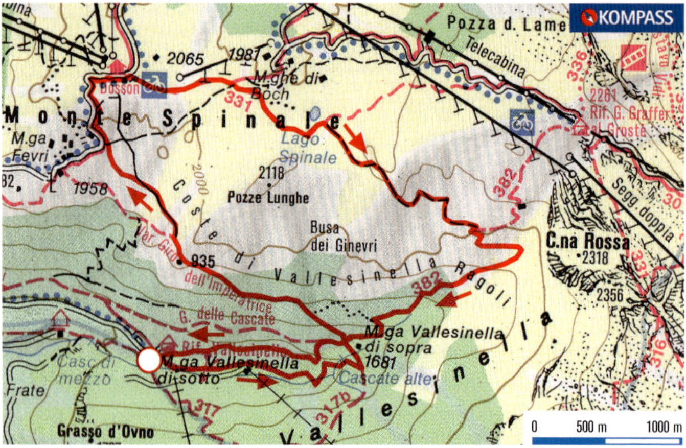

Mächtige Kulisse: die zentrale Brenta vom Monte Spinale aus gesehen.

tigen Liftanlagen und Skipisten kommen erst am Gipfel ins Blickfeld; die Südflanke des Monte Spinale gehört den Wanderern.

Die Tour startet mit dem Aufstieg von **Vallesinella** (1513 m) zur **Malga Vallesinella di sopra** (1681 m). Dabei hat man die Wahl zwischen dem »Sentiero delle Cascate« und einem am südseitigen Hang verlaufenden Wanderweg. Knapp oberhalb der lange aufgegebenen Alm kommt man erneut zu einer Verzweigung. Hier links und in angenehmer Steigung schräg über die Coste di Vallesinella bergan. Im Rückblick zeigen sich immer wieder die hellen Kalkzinnen der Brenta; oberhalb einer Geländekante (1935 m) wird erstmals die Sicht auf Adamello und Presanella frei. Der restliche Aufstieg ist »Schauwandern« pur.

Knapp oberhalb der **Malga Fevri** (1950 m) stößt der Weg auf eine Sandstraße, die direkt zum verbauten Gipfel des **Monte Spinale** mit dem einzigartigen 360°-Panorama führt.

Beim Abstieg folgt man kurz der Schotterpiste nach Osten, fädelt dann ein in den Höhenweg, der das riesige Plateau des Spinale quert (Hinweis »Vallesinella«). Vor sich hat man ständig dabei die steinerne Phalanx der Brentazinnen – wow!

An der Verzweigung hinter dem kleinen **Lago Spinale** (2035 m) rechts und über Wiesen sanft bergan gegen die Geländeschulter des Dos dei Vaccheri (2102 m): noch so ein fulminanter Brenta-Blick!

Dahinter geht's sanft hinab ins innerste Vallesinella und zum viel begangenen Weg, der vom Passo del Grostè kommt. Auf ihm angenehm schattig zurück zum Parkplatz.

Die Wasserfälle des Vallesinella

Naturschauspiel am Fuß der Brenta

Ausgangspunkt: Madonna di Campiglio (1514 m), Parken im Ortsteil Palù.
Bahn/Bus: Madonna di Campiglio hat Busverbindung mit Bozen, Trento und den Ortschaften der weiteren Umgebung.
Gehzeit: 3 Std.
Charakter: Überwiegend schattige, wenig anstrengende Rundtour im Vallesinella auf gut markierten Wegen. Beeindruckend die Wasserfälle, vor allem im Frühsommer.
Einkehr: Rif. Vallesinella (Anfang Juni bis Mitte Oktober), Rif. Cascate (im Sommer).
Karte: KOMPASS Nr. 73.

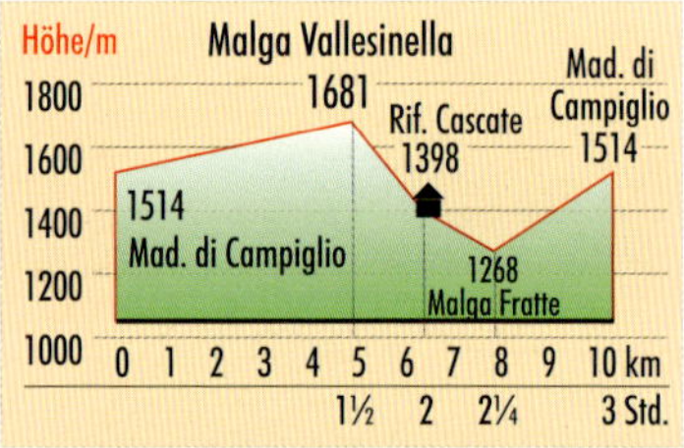

Es gibt natürlich Wasser in der Brenta, allerdings vorwiegend als Schnee oder Eis. Zumindest auf den Gipfeln oder den verkarsteten Hochplateaus, die jeden Tropfen, der vom Himmel fällt, fast umgehend im Untergrund verschwin-

Die Cascate di mezzo.

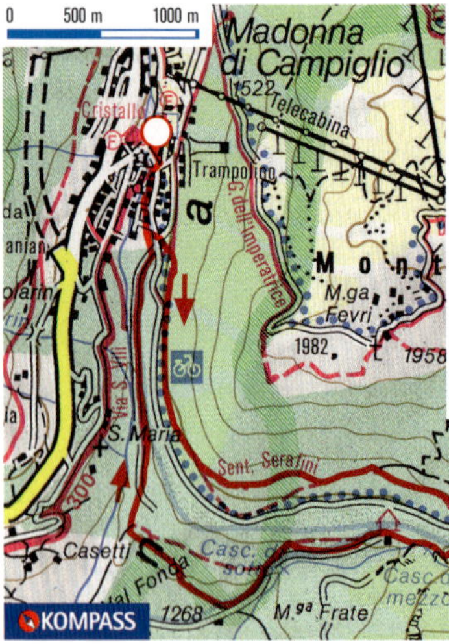

Schönes Naturschauspiel: die oberen Wasserfälle im Vallesinella.

den lassen. Doch da das aus Hauptdolomit aufgebaute Massiv auf einem Gesteinssockel liegt, der weit weniger durchlässig ist, kommt das Wasser am Fuß der Felszinnen wieder zutage. Wie die Sarca di Vallesinella auf der Westseite des Massivs. Sie fließt und stiebt zu Tal, stürzt dabei dreimal über steile Geländestufen herab: die Cascate di Vallesinella. Eine schöne, wenig anstrengende Runde erschließt dem Wanderer das Naturschauspiel der Brenta-Wasserfälle; daneben genießt man Einblicke in einige Herzkammern des Massiv um Cima Brenta und Cima Tosa (3173 m).
Am Ortsrand von **Madonna di Campiglio** (Palù, 1497 m) beginnt der gut markierte »Sentiero dell'-Orso« (Hinweistafel an der Straße ins Vallesinella). Er führt, nur sanft ansteigend, erst nach Süden, biegt dann ins **Vallesinella** ein. An der doppelten Weggabelung oberhalb der Cascata di mezzo geht man geradeaus, genießt dabei immer wieder packende Brenta-Bilder. An der **Malga Vallesinella di sopra** (1681 m) weist ein grünes Schild zu den Cascate alte. Der schön angelegte Weg läuft über Stiegen und Holzbrücken neben den Wasserkaskaden steil bergab zu einer Waldstraße, die hinausläuft zum **Rif. Vallesinella** (1513 m). Nun kurz auf der Asphaltstraße talauswärts, dann links (Tafel) hinunter zu den **Cascate di mezzo.** Hier stürzt der Bach tosend über eine 50 m hohe Felsstufe in die Tiefe.
Vom **Rif. Cascate** (1398 m) kann man ohne weiteren Höhenverlust nach Madonna di Campiglio zurückwandern (Hinweistafel). Wer auch noch die kleineren unteren Wasserfälle besuchen will, steigt auf einer Forstpiste ab zu den **Cascate di sotto.** Bei der **Malga Fratte** (1268 m) rechts und auf Waldwegen, teilweise recht steil ansteigend, zurück nach **Madonna di Campiglio.**

Giro dei Laghi Superiori

Seenidylle im Presanella-Massiv

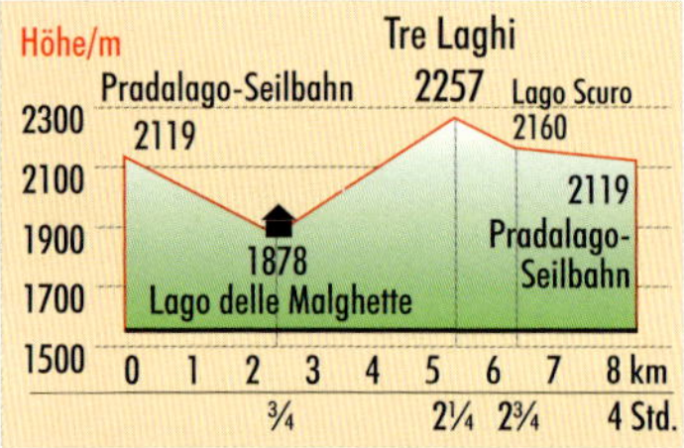

Ausgangspunkt: Bergstation der Pradalago-Seilbahn (2119 m); Talstation in Madonna di Campiglio.
Bahn/Bus: Madonna di Campiglio hat Busverbindungen mit Bozen, Trento und den Ortschaften der weiteren Umgebung. Die Pradalago-Seilbahn verkehrt Anfang Juli bis Anfang September von 8.30–17.20 Uhr.
Gehzeit: 4 Std.
Charakter: Leichte, landschaftlich sehr reizvolle Wanderrunde im Nordosten des Presanella-Massivs, vorbei an mehreren kleinen Bergseen. Faszinierend die Ausblicke zum Hauptkamm der Brenta, der sich über Madonna di Campiglio aufbaut.
Einkehr: Rifugio Pradalago (Anfang Juli bis Anfang September), Rifugio Viviani (Anfang Juli bis Mitte September), Rifugio Lago delle Malghette (20.6.–20.9.).
Karte: KOMPASS Nr. 73.

Steine machen Wasser. Oder anders ausgedrückt: Was drüben im zerklüfteten Dolomit der Brenta umgehend im Boden versickert und eine trocken-bizarre Steinwüste zurücklässt, sammelt sich im Granit der Presanella zu malerischen Seen, meistens eingebettet in Karmulden, über denen dunkle Tonalitfelsen in den Himmel ragen. Allein an der Ostseite des Massivs zählt man gegen zwanzig kleinere und größere Bergseen – eine Einladung zu schönen Wanderrunden vor der fantastischen Kulisse der Brentazinnen.

Monte Nambino, 2678 m

Für erfahrene Bergwanderer ist der schöne Aussichtsgipfel im Osten des Presanella-Massivs ein lohnendes Ziel. Der weglose Aufstieg verläuft von den Tre Laghi über die recht steilen, felsdurchsetzten Hänge; er verlangt einen sicheren Tritt und etwas Spürsinn für den richtigen Weg. Nur bei gutem Wetter gehen, ab Tre Laghi etwa 1½ Std.

Stilles Gewässer in den Ausläufern der Presanella: der größte der Tre Laghi.

Der »Giro dei Laghi Superiori« startet an der Bergstation der **Pradalago-Seilbahn** (2119 m), führt zunächst kurz zum Rifugio Viviani (2082 m). Dem Hinweis »Rifugio Lago Malghette« folgend, wandert man dann zwischen Alpenrosenfeldern, aus denen winzige Lacken leuchten, weiter sanft abwärts zum **Lago delle Malghette** (1878 m), über dessen Abfluss die gleichnamige Hütte steht.
Der Weiterweg läuft nun rechts um den See herum, dann an dem licht bewaldeten Hang bergan zum **Lago Alto** (2158 m) und weiter zu den **Tre Laghi** (2257 m) in der weiten Karmulde unter dem Monte Nambino. Schöne Rastplätze; stimmungsvoll der Blick auf die Brentazinnen.

Am größten der drei Seen zweigt links der Weg zum idyllischen **Lago Scuro** (2160 m) ab. Gleich dahinter folgt eine nächste Verzweigung. Hier hält man sich rechts und wandert durch ein Felslabyrinth hinüber zum Genevria-Rücken. Vorbei an der Bergstation eines Sesselliftes und auf der Piste hinunter zum Wanderweg mit der SAT-Markierung 265. Auf ihm in leichtem Anstieg zurück zur **Pradalago-Seilbahn.**

Geröllhang im Anstieg zum Lago Alto.

19

Über den Monte Zeledria, 2427 m

Fast ein richtiger Klettersteig

Ausgangspunkt: Bergstation der Pradalago-Seilbahn (2119 m); Talstation in Madonna di Campiglio.
Bahn/Bus: Madonna di Campiglio hat Busverbindungen mit Bozen, Trento und den Ortschaften der weiteren Umgebung. Die Pradalago-Seilbahn verkehrt Anfang Juli bis Anfang September von 8.30-17.20 Uhr.
Gehzeit: 3¼ Std.
Charakter: Leichter Gratklettersteig (»Sentiero Bozzetto«), mit Drahtseilen und einigen Leitern bestens gesichert. Selbstsicherung (Set) empfehlenswert. Sehr aussichtsreiche, nur mäßig anstrengende Runde, gut markiert.
Einkehr: Rifugio Pradalago (Anfang Juli bis Anfang September)
Karte: KOMPASS Nr. 73.

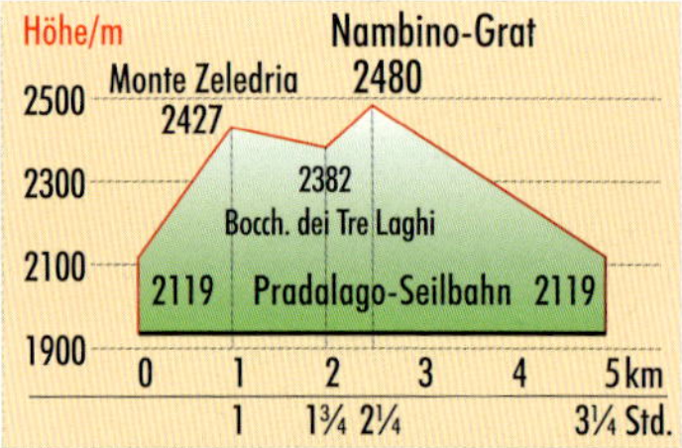

Ein felsiger Grat, der sich vom Monte Nambino (2678 m) ostwärts bis über den Monte Zeledria hinaus erstreckt, trennt die beiden Seenreviere der Tre Laghi und der Cinque Laghi in den Ausläufern des Presanella-Massivs. Er wird erschlossen durch einen nur wenig schwierigen, gesicherten Gratsteig, den »Sentiero Bozzetto«. Die Route folgt dem felsigen Kamm von Pradalago bis in die Bocchetta dei Tre Laghi; sie bietet neben einigen anregenden Kraxelpassagen vor allem jede Menge Aus- und Tiefblicke. Blickfang im Osten ist natürlich der Brenta-Hauptkamm mit seinen herrlichen Felsbauten um Cima Brenta und Cima Tosa (3173 m).

Vom Gipfel des Monte Zeledria schaut man hinüber zum Hauptkamm der Brenta.

Von der Seilbahnstation **Pradalago** (2119 m) kurz mit dem »Giro dei Cinque Laghi« Richtung Lago Seròdoli, dann rechts zum Einstieg des »Sentiero Bozzetto« (Tafel). Er folgt zunächst dem recht zahmen Grat, weicht nach etwa 150 Höhenmetern in die grüne, felsdurchsetzte Südflanke aus. Drahtseile und eine kleine Leiter sichern hier den Steig. Knapp vor dem Gipfel mündet rechts der leichte, ebenfalls bezeichnete Zustieg vom Rifugio Viviani. Vom **Monte Zeledria** genießt man packende Tiefblicke auf die Dächer von Madonna di Campiglio, auf den Lago Scuro und den Lago delle Malghette.

Der »Sentiero Bozzetto« folgt in anregendem Auf und Ab dem Westgrat; er ist etwas anspruchsvoller als der eigentliche Aufstieg, aber ebenfalls sehr gut gesichert (Drahtseile, Leitern). In der **Bocchetta dei Tre Laghi** besteht eine markierte Abstiegsmöglichkeit zu den Drei Seen (siehe bei Tour 18).

Wer weiter will zum Lago Seròdoli bzw. zurück nach Pradalago nimmt den Pfad, der rechts des Felsgrats im Geröll ansteigt und schließlich einen Durchstieg auf die Südseite des Kamms findet. Schöner Blick auf den Lago Seròdoli (2372 m). Den ordentlichen Markierungen folgend erst flach, dann leicht absteigend, zum »Giro dei Cinque Laghi« und mit ihm zurück zur Seilbahnstation **Pradalago.**

Giro dei Cinque Laghi

Seenwanderung vor der Brenta

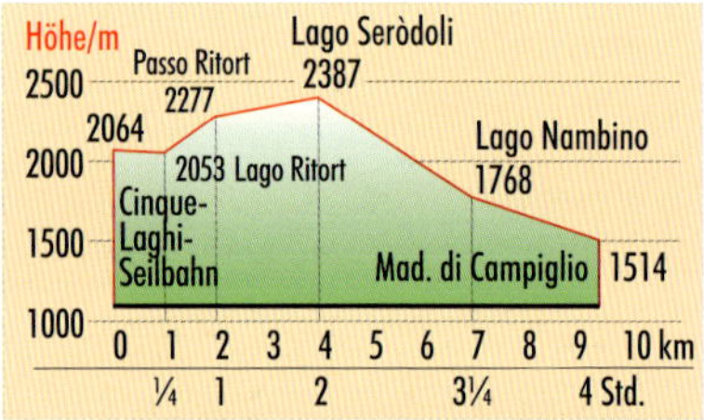

Ausgangspunkt: Bergstation der Funivia Cinque Laghi am Palon (2064 m); Talstation in Madonna di Campiglio.
Bahn/Bus: Madonna di Campiglio hat Busverbindungen mit Bozen, Trento und den Ortschaften der weiteren Umgebung. Die Pradalago- und die Cinque-Laghi-Seilbahn verkehren Anfang Juli bis Anfang September von 8.30-17.20 Uhr.
Gehzeit: 4 Std.
Charakter: Gemütliche Höhen- und Bergabwanderung vor der großen Kulisse des Brenta-Hauptkamms – von einem Karsee zum nächsten. Abstieg etwas rau; alternativ auch Seilbahnfahrt von Pradalago ins Tal möglich.
Einkehr: Bergstation der Cinque-Laghi-Seilbahn (Anfang Juli bis Anfang September), Rifugio Lago Nambino (Juni bis September).
Karte: KOMPASS Nr. 73.

Die berühmtesten Zinnen stehen im Osten von Madonna di Campiglio, in der Brentagruppe, doch das sollte niemand davon abhalten, auch mal eine Wanderung in den Ausläufern des Presanella-Massivs zu unternehmen. Sie bietet freie Sicht auf die berühmten Dolomitzacken um Cima Brenta (3150 m) und Campanile Basso – ein schöner Kontrast zu dem dunklen Tonalitgestein der Presanella

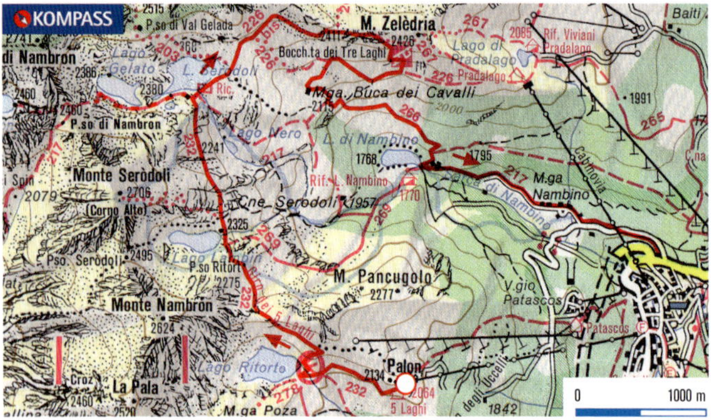

Was für eine Aussicht! Der Brenta-Hauptkamm vom Lago Serodoli.

und den malerisch in Karmulden eingebetteten Seeaugen. Besonders beliebt ist die »Fünf-Seen-Wanderung« von Seilbahnstation zu Seilbahnstation: viel Aussicht und nur wenig Anstrengung.

Von der **Seilbahnstation** zunächst auf viel begangenem Weg flach unter den Felsen des Palon zum ersten der fünf Seen, dem **Lago Ritort** (2053 m), dann über einen Hang hinauf in den Passo Ritort (2277 m), eine kleine Scharte im Ostgrat des Monte Nambrone (2625 m). Weiter zwischen Felsbuckeln und Wiesenflecken in sanftem Anstieg zum dunklen Fjord des **Lago Lambin** (2329 m). Ein nächster Stopp ist dann am **Lago Seròdoli** (2372 m) fällig (schöne Rastplätze); Steigspuren führen links am See vorbei zu dem wenige Meter höher gelegenen Lago Gelato (2387 m), über dem die dunklen Tonalitfelsen des Rocca di Nambrone in den Himmel ragen.

Der Weiterweg führt über das Mäuerchen am Abfluss des Lago Seròdoli, nach kurzem Anstieg als aussichtsreiche Höhenpromenade ohne Höhenverlust durch die felsigen Südhänge des Monte Nambino. Erst nach der beschilderten Abzweigung zum Monte Zeledria (siehe Tour 19) beginnt der Weg zu fallen; er mündet schließlich in den Höhenweg, der vom Rifugio Pradalago (2119 m) herüberkommt (Alternative mit Seilbahnfahrt). Er führt fast eben zur verlassenen Alm **Busa dei Cavai** (2115 m).

Weiter ziemlich rau und steil bergab und am bewaldeten Hang hinunter zum **Lago Nambino** (1768 m), an dessen Abfluss das gleichnamige Rifugio steht. Zuletzt entlang der Sarca di Nambino zurück nach **Madonna di Campiglio**.

21

Auf die Cima Roma, 2837 m

Groß oder klein?

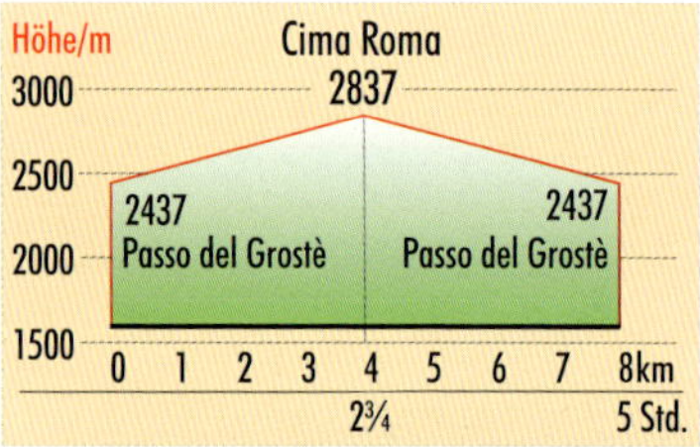

Ausgangspunkt: Seilbahnstation am Passo del Grostè (2437 m); Talstation oberhalb von Madonna di Campiglio am Campo Carlo Magno.
Bahn/Bus: Busse von Madonna di Campiglio nach Bozen, Trento und den Ortschaften der weiteren Umgebung. Die Grostè-Gondelbahn ist von Mitte Juli – Mitte September in Betrieb; erste Fahrt 8.30 Uhr, letzte Fahrt 17 Uhr.
Gehzeit: Aufstieg 2¾ Std., Abstieg 2¼ Std.; gesamt 5 Std.
Charakter: Eine Gipfeltour, die in Sichtweite des »Bocchette-Weges« in die Einsamkeit führt. Mit Steinmännchen und gelb-blauen Farbtupfern gut markierter Aufstieg; er sollte aber trotzdem nur bei guten Sichtverhältnissen (keine Brenta-Nebel!) unternommen werden. Zum Gipfel hin leichte Felsstufen im I. Schwierigkeitsgrad der Alpenskala.
Einkehr: Nur am Passo del Grostè.
Karte: KOMPASS Nr. 73.

Alles sei eine Frage des Standpunktes, hört man gelegentlich. Im Fall der Cima Roma trifft das tatsächlich zu. Steht man oben am Grostè-Pass, wirkt der Gipfel, der links hinter der Cima del Grostè (siehe Tour 22) hervorlugt, lediglich wie eine wenig auffallende Randerhebung über der riesigen Trümmerlandschaft. Wer dagegen von Molveno durch das Val delle Seghe ansteigt, staunt über die schier himmelhoch aufschießenden Mauern im Talschluss. Dass der Gipfel da ein großes 3D-Panorama bietet, versteht sich fast von selbst: nah, fern und tief. Besonders eindrucksvoll sind die Tiefblicke nach Süden, bis hinaus zum Lago di Molveno; fast wie die Kulisse zu einem Science-Fiction-

Mondlandschaft in der Brenta: auf den Karrenfeldern unter dem Gipfel der Cima Roma.

Film mutet das von Kratern und mächtigen Felsblöcken übersäte Karrenplateau an, das sich bis zum Grostè-Pass erstreckt. Im Osten zeigen sich in der Ferne die Dolomiten; fast zum Greifen nah ist dagegen der Brenta-Zentralkamm, den man von der Cima del Grostè (2901 m) bis zur Cima Brenta alta (2960 m) überschaut. Die Gipfeltour startet am **Passo del Grostè** (2446 m), führt zunächst mit dem »Sentiero Benini« leicht steigend über das Karstplateau von Grostè. Noch vor der Einmündung des vom Rif. Graffer heraufkommenden Steigs weisen gelb-blaue Markierungen nach links. Steinmännchen und Farbflecken leiten durch das unübersichtliche Karrengelände leicht bergab, dann flach zwischen Bergsturztrümmern und Klüften weiter. Nach zwei kurzen Anstiegen auf blankem Fels (oben Steinmann bzw. Metallkreuz) führt die Spur jeweils wieder bergab. Oberhalb der **Bocca della Vallazza** (2443 m), die links abseits liegt, beginnt der eigentliche Gipfelanstieg. Über Felsstufen und Geröll steigt man auf zum Grat; nur mehr kleine Schneeflecken erinnern an das verschwundene Flavona-Gletscherchen. Zuletzt links haltend zum Gipfelkreuz.
Abstieg nur auf dem Anstiegsweg!

Cima Brenta vom Gipfel der Cima Roma.

Cima del Grostè, 2901 m

Der Gipfel zum Pass

Ausgangspunkt: Seilbahnstation am Passo del Grostè (2437 m); Talstation oberhalb von Madonna di Campiglio am Campo Carlo Magno.
Bahn/Bus: Madonna di Campiglio hat Busverbindungen mit Bozen, Trento und den Ortschaften der weiteren Umgebung. Die Grostè-Gondelbahn ist von Mitte Juli bis Mitte September in Betrieb; erste Fahrt 8.30 Uhr, letzte Fahrt 17 Uhr.
Gehzeit: Aufstieg 2 Std., Abstieg 1¾ Std.; gesamt 3¾ Std.
Charakter: Kurze, aber recht anspruchsvolle Gipfelüberschreitung. Trittsicherheit und Bergerfahrung sind wichtig; einige kurze Kletterpassagen im I. Grad. Klettersteigset nicht erforderlich (nur zwei kurze Drahtseile am »Sentiero Benini«), Helm dagegen ratsam.
Einkehr: Am Passo del Grostè.
Karte: KOMPASS Nr. 73.

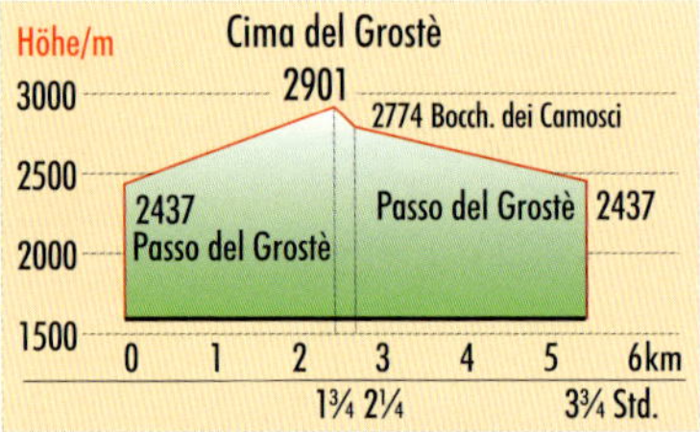

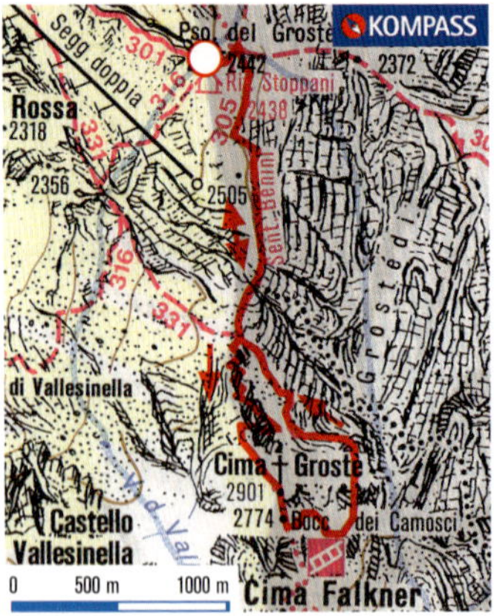

Ziemlich genau südlich über dem Grostè-Pass (2446 m), der die Nord- von der Hauptkette der Brenta trennt, erhebt sich die Cima del Grostè, ein wuchtiger, etwas schiefer Klotz über markant geschichtetem Fels. Seine Besteigung ist – bedingt durch die Seilbahnnähe – recht beliebt, aber nichts für Gelegenheitswanderer. Sowohl im Auf- und Abstieg sind einige Kletterpassagen im I. Grad zu meistern – ein sicherer Tritt und Bergerfahrung also unerlässlich. Darauf weist auch ein Schild am Einstieg hin: »Sentiero alpinistico non attrezzato«. Gesichert (= attrezzato) sind lediglich zwei kurze Passagen am »Sentiero Benini«, zu dem man vom Gipfel nach Süden absteigt. Die Aussicht ist eine gelungene Mischung von nah und fern; sie reicht nach Norden bis zum Alpenhauptkamm. Blickfang sind natürlich die Zinnen im Süden, da wo das felsige Herz der Brenta schlägt, und wo die grandiose »Via delle Bocchette« verläuft.

In der felsig-steilen Südflanke der Cima del Grostè heißt es zupacken.

Mit ihr (»Sentiero Benini«) wandert man zunächst über das ausgedehnte Karrenplateau der **Grostedi** bis in die kleine Senke (ca. 2530 m), auf die rechts ein Zustieg vom Rifugio Graffer mündet. Hier weist ein Schild zur **Cima del Grostè.** Steinmännchen und roten Markierungen folgend steigt man über den Vorbau auf zu einem etwas luftigen Band unter einer senkrechten, schwarz-gelben Wand.

Das Band mündet in einen tiefen, etwa 15 Meter hohen Kamin. Man durchsteigt ihn an guten Tritten und Griffen (I). Ein weiteres Band leitet zu einem kürzeren Kamin (I), der auf die große Gipfelschräge mündet. Über sie leicht zum höchsten Punkt und zum großen Panorama.

Der Abstieg führt südlich hinunter zum **»Sentiero Benini«:** vom Gipfel rechts zum Ansatzpunkt eines etwa 25 m hohen, kaminartigen Risses. An soliden Griffen klettert man ihn ab (I), wendet sich dann nach rechts zu einer Geländeschulter. Hier setzt eine steile Schuttrinne an, die nur wenige Meter von der **Bocchetta dei Camosci** (2774 m) in den »Sentiero Benini« mündet. Mit ihm auf komfortablen Bändern ostseitig um die Cima del Grostè herum. Dabei bietet sich eine fantastische Aussicht auf die Mondlandschaft der Grostedi und zur Cima Roma. Zuletzt kommt auch der Grostè-Pass ins Blickfeld.

Über Felsstufen steigt man ab zum Wandfuß. Auf dem Hinweg zurück zur **Seilbahnstation.**

Rifugio Tuckett, 2272 m

Hüttenbummel vor großer Kulisse

Ausgangspunkt: Seilbahnstation am Passo del Grostè (2437 m); Talstation oberhalb von Madonna di Campiglio am Campo Carlo Magno.
Bahn/Bus: Busse von Madonna di Campiglio nach Bozen, Trento und den Ortschaften der weiteren Umgebung.
Gehzeit: 3¾ Std.
Charakter: Wenig anstrengende Bergabwanderung vor einer großen Kulisse. Besonders schön ist die Aussicht westlich auf Adamello und Presanella. Viel begangene und gut markierte Wege.

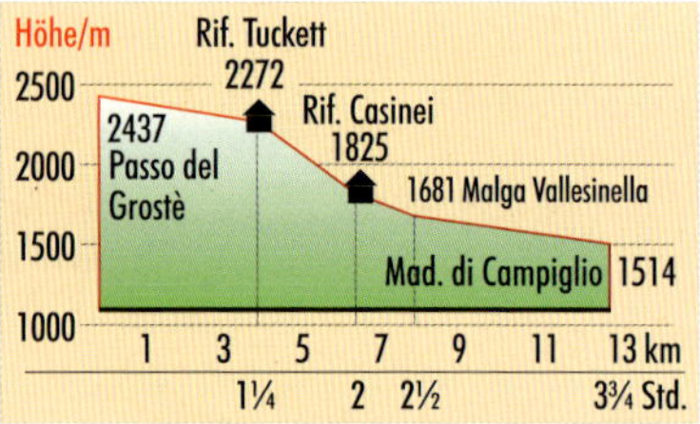

Zu den ersten Touristen in der Brenta zählte der Engländer John Ball. Angeregt durch seine Schilderungen besuchten auch F. F. Tuckett und D. W. Freshfield, beides bekannte Alpinisten des »Golden age«, die Gebirgsgruppe. Dabei überschritten sie 1872 die Scharte nach Molveno, heute bekannt als Bocca di Tuckett. Westlich unterhalb des Jochs, in schöner Lage am Fuß des Castelletto Inferiore (2601 m) und mit freier Sicht auf die Gletscher des Adamello, stehen heute gleich zwei Hütten: das Rifugio Tuckett und das Rifugio

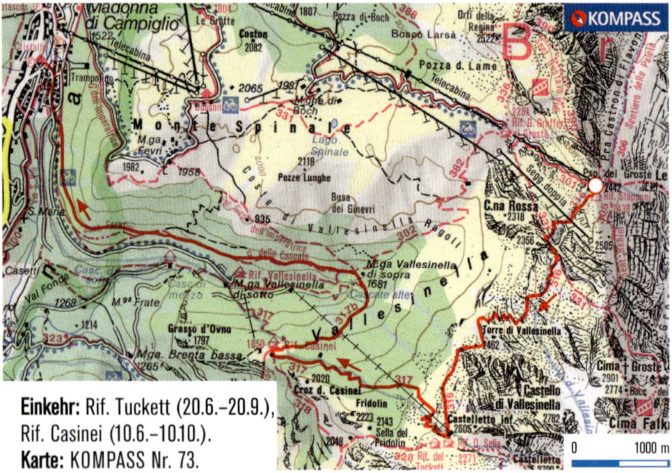

Einkehr: Rif. Tuckett (20.6.–20.9.), Rif. Casinei (10.6.–10.10.).
Karte: KOMPASS Nr. 73.

Eine frequentierte Hütte in der zentralen Brenta: das Rifugio Tuckett.

Sella. Das hat seinen Grund in der einst recht ausgeprägten Rivalität zwischen den »deutschen« und »italienischen« Bergsteigern, damals, als das Trentino noch Teil der k.u.k. Monarchie war. So erbaute die SAT 1905 ihr Rifugio, das nach einem Mitbegründer des Italienischen Alpenclubs, Quintino Sella, benannt wurde; ein Jahr später stand daneben die Tuckett-Hütte, errichtet von der DAV-Sektion Berlin. Sie ist Etappenziel einer schönen und sehr beliebten Bergabwanderung, die vom Grostè-Pass hinabführt in die Vallesinella.

Von der Bergstation der **Grostè-Seilbahn** (2437 m) zunächst flach über das Karstplateau von Grostè zu einer Felsstufe, dann kurz abwärts in das wilde Bergsturzgelände nordwestlich unter der Cima del Grostè. Nur wenig weiter öffnet sich ein Blick in den felsumschlossenen Kessel des kleinen Vallesinella-Gletschers; ein packender Kontrast zur freien Sicht auf Firn und Fels von Adamello und Presanella.

Der viel begangene Weg steigt ab bis zum Felsfuß des Torrione di Vallesinella (2461 m); in einem leichten Gegenanstieg erreicht man schließlich die **Tuckett-Hütte** in grandioser Umgebung (Cima Brenta, 3150 m).

Nächste Station ist das **Rif. Casinei** (1825 m) in hübscher Lage auf einem bewaldeten Rücken über der Vallesinella. Nun nicht hinunter ins Tal, sondern angenehm schattig hinüber zur ehemaligen **Malga Vallesinella di sopra** (1681 m), wo man auf den Höhenweg einbiegt, der an der Sonnseite der Vallesinella hinausläuft nach **Madonna di Campiglio.**

Zum Rifugio Brentei, 2182 m

Klassische Brenta-Hüttenwanderung

Ausgangspunkt: Rifugio Vallesinella (1513 m), knapp 5 km von Madonna di Campiglio. Zufahrt mautpflichtig; wenn die Parkplätze besetzt sind, verkehrt ein Shuttlebus.
Bahn/Bus: Madonna di Campiglio hat Busverbindungen mit Bozen, Trento und den Ortschaften der weiteren Umgebung.
Gehzeit: Aufstieg 2¼ Std., Abstieg 1¾ Std.; gesamt 4 Std.
Charakter: Beliebte, landschaftlich sehr reizvolle Hüttenwanderung auf guten Wegen. Einmalig die Kulisse des inneren Brentatals: ein absolutes Highlight!
Einkehr: Rifugio Casinei (10.6.–10.10.), Rifugio Brentei (20.6.–20.9.).

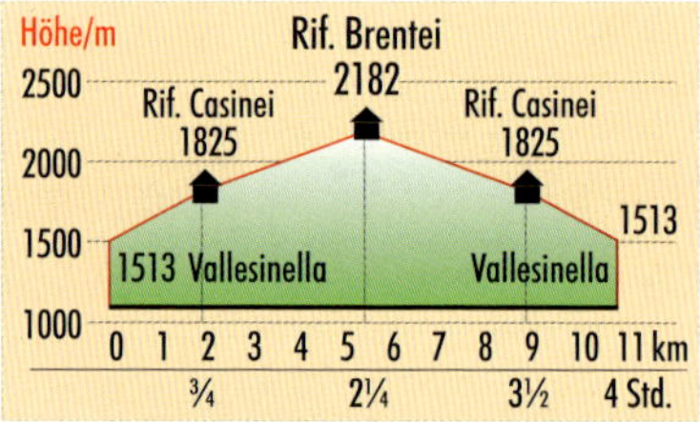

Karte: KOMPASS Nr. 73.

Eine Wanderung ins obere Val di Brenta gehört ohne Zweifel zu den schönsten Touren von Madonna di Campiglio. Und dass an ihrem Wendepunkt auch noch eine bewirtschaftete Hütte steht, mindert das Vergnügen natürlich in keiner Weise. Pasta und ein Glas vino rosso vertragen sich ja bestens mit der grandiosen Kulisse. In der dominiert ein Berg, immerhin der dritthöchste des gesamten Massivs: der Crozzon di Brenta (3130 m). Er kommt bereits während des Anstiegs ins Blickfeld, und mit jedem Schritt, mit dem man sich ihm weiter nähert, steigt seine titanenhafte Nordkante ein Stückchen höher in den südlichen Himmel. Sie wurde 1905 von A. Schulze und F. Schneider erstmals durchstiegen.
Bruno Detassis, der legendäre Hüttenwirt auf dem Ri-

Schmuckes Haus vor schöner Kulisse: das Rifugio Brentei, am Horizont die Presanella.

fugio Brentei, und Ettore Castiglioni eröffneten im Jahr 1933 eine schöne Route an der Westwand des Crozzon.

Die Hüttenwanderung beginnt angenehm schattig, führt vom Parkplatz beim **Rifugio Vallesinella** (1513 m) auf gutem Weg bergan zum **Rifugio Casinei** (1825 m). Von der Hütte, die auf einer Lichtung steht, hat man Aussicht auf die Gipfelketten des Adamello und der Presanella.

Hinter dem Haus beginnt der **»Sentiero Bogani«**, Markierung 318. Er leitet ansteigend in die Westhänge des Croz dei Casinei (2025 m). Allmählich wird der Wald lichter, und im Talinnern zeigt sich der massige Crozzon di Brenta mit seiner fast tausend Meter hohen Nordkante.

Links, über der Sella Fridolin, werden kurz Castelletto Inferiore (2601 m), Cima Sella (2917 m) und Cima Brenta (3150 m) sichtbar. Der Weiterweg führt in mäßig steilem Anstieg um ein felsiges Eck herum in die Westflanke der Punte di Campiglio (2876 m).

Ein gesichertes Band leitet zu einem Felsspalt. Dahinter passiert man einen kurzen Tunnel; dann kommt das **Rifugio Brentei** ins Blickfeld. Nach einem kurzen Abstieg (Drahtseil) läuft der Weg hinüber zur Hütte.

Für den Rückweg kann man alternativ den tiefer verlaufenden »Sentiero Violi« nehmen.

Er bietet bei ungefähr gleichem Zeitaufwand allerdings weniger Aussicht als der schöne »Bogani-Steig«.

25

Rifugio Alimonta, 2580 m

Stützpunkt am Brenta-Hauptkamm

Ausgangspunkt: Rifugio Vallesinella (1513 m), knapp 5 km von Madonna di Campiglio. Zufahrt mautpflichtig; wenn die Parkplätze besetzt sind, verkehrt ein Shuttlebus.
Bahn/Bus: Madonna di Campiglio hat Busverbindungen mit Bozen, Trento und den Ortschaften der weiteren Umgebung.
Gehzeit: Aufstieg 3½ Std., Abstieg 2½ Std.; gesamt 6 Std.
Charakter: Recht langer, zuletzt auch ziemlich rauer Hüttenanstieg, führt in eine der Herzkammern des Brentamassivs. Landschaftlich einmalig schöne Wanderung.

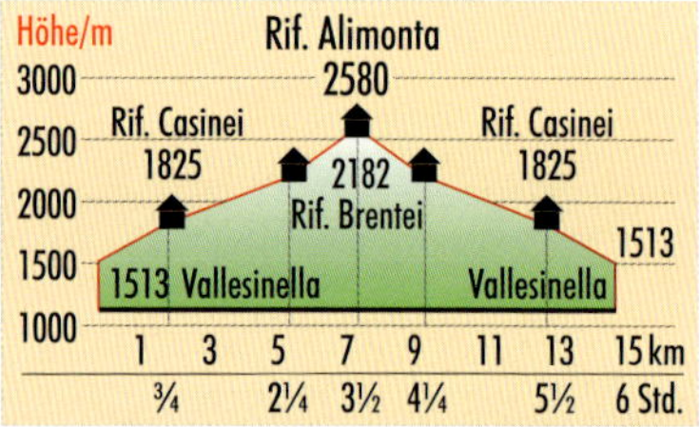

Ganz nahe an den Hauptkamm der Brenta heran führt diese Hüttenwanderung. Am Weg vom Rifugio Brentei hinauf zur Alimonta-Hütte rücken die Felsen immer näher, wird die Kulisse immer wilder. Bei gutem Wetter lohnt sich dieser Aufstieg allemal, und wer von dem Schutzhaus noch ein Stück weiter in die unglaubliche Kulisse hineinwandert, vielleicht bis zum »Spielplatz der Titanen«, einer Felsterrasse mit verstreuten Bergsturztrümmern, erlebt Brentabilder von seltener Intensität. Cima Molveno (2917 m), Cima degli Armi (2951 m) und Torre di Brenta (3014 m) umstehen den Platz; am westlichen Horizont gleißen die Gletscher des Adamello. Was für eine Landschaft!

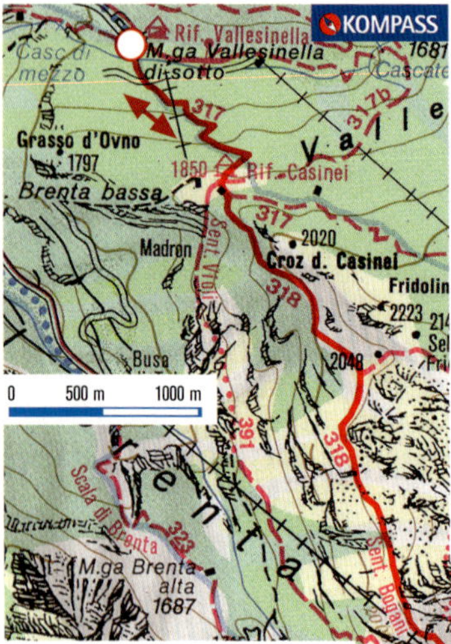

Einkehr: Rif. Casinei (10.6.–10.10.), Rif. Brentei (20.6.–20.9.), Rif. Alimonta (20.6.–20.9.)
Karte: KOMPASS Nr. 73.

Kleines Haus in der Steinwüste: das Rifugio Alimonta vor Cima Molveno, Cima degli Armi und Torre di Brenta.

Die Hüttenwanderung beginnt angenehm schattig, führt vom Parkplatz beim **Rifugio Vallesinella** (1513 m) auf gutem Weg bergan zum **Rifugio Casinei** (1825 m). Hinter dem Haus beginnt der »Sentiero Bogani«. Er leitet ansteigend in die Westhänge des Croz dei Casinei (2025 m).

Allmählich wird der Wald lichter, und im Talinnern zeigt sich der massige Crozzon di Brenta mit seiner fast tausend Meter hohen Nordkante.

Links, über der Sella Fridolin, werden kurz Castelletto Inferiore (2601 m), Cima Sella (2917 m) und Cima Brenta (3150 m) sichtbar. Der Weiterweg führt in mäßig steilem Anstieg um ein felsiges Eck herum in die Westflanke der Punte di Campiglio (2876 m). Ein gesichertes Band leitet zu einem Felsspalt. Dahinter passiert man einen kurzen Tunnel; dann kommt das **Rifugio Brentei** ins Blickfeld. Nach einem kurzen Abstieg (Drahtseil) läuft der Pfad hinüber zur Hütte.

Der Weiterweg führt ansteigend in den felsumrahmten Vallone dei Brentei. Links mündet der »Sentiero SOSAT« (siehe Tour 31). Unter den bizarren Zacken der Gemelli (= Zwillinge, 2691 m) biegt die markierte Spur nach rechts um; im Zickzack steigt sie über Schrofen und Felsstufen an zum Karrenplateau von Brentei. Links zweigt der »Sentiero Oliva Detassis« ab. Zuletzt nur noch leicht steigend zum **Rifugio Alimonta** (2580 m).

Abstieg auf dem Anstiegsweg.

26

Rund um die Cima Tosa

Hochalpine Brenta

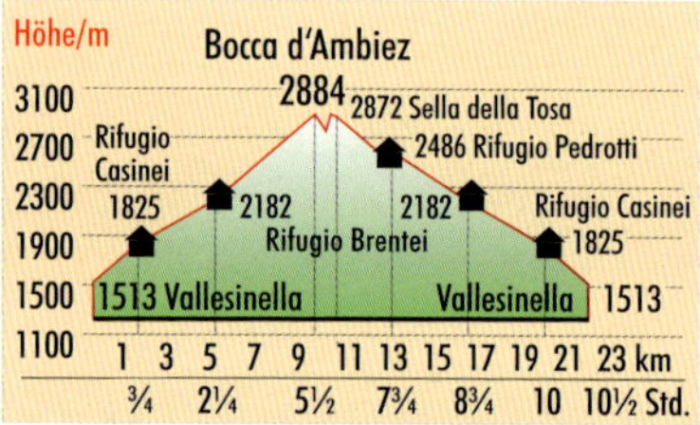

Ausgangspunkt: Rifugio Vallesinella (1513 m), knapp 5 km von Madonna di Campiglio. Zufahrt mautpflichtig; wenn die Parkplätze besetzt sind, verkehrt ein Shuttlebus.
Bahn/Bus: Madonna di Campiglio hat Busverbindungen mit Bozen, Trento und den Ortschaften der weiteren Umgebung.
Gehzeit: 1. Tag: Vallesinella – Rifugio Brentei 2¼ Std., Rifugio Brentei – Bocca d'Ambiez 3 Std., Bocca d'Ambiez – Rifugio Pedrotti 2½ Std.; gesamt 7¾ Std. 2. Tag: Rifugio Pedrotti – Vallesinella 2¾ Std.
Charakter: Anspruchsvolle, ausgeprägt hochalpine Runde. Nur bei sicherem Wetter gehen! Die Gletscher sind zwar weitgehend spaltenfrei, Steigeisen aber trotzdem unerlässlich, dazu Teleskopstöcke oder (besser) Eispickel. Für die gesicherten Passagen Klettersteigausrüstung und Helm notwendig. Insgesamt ein absolutes Highlight unter den Brentatouren!
Bei einer Gesamtgehzeit von über 10 Std. empfiehlt sich eine Übernachtung in der Pedrotti-Hütte. Schlafplatz unbedingt vorher reservieren!
Einkehr/Nächtigung: Rif. Casinei (10.6. –10.10.), Rif. Brentei (20.6.– 20.9.), Rif. Pedrotti (20.6.– 20.9.).
Karte: KOMPASS Nr. 73.

Die Brenta ist berühmt für ihre Kletterwände, die Vergletscherung allerdings trotz der beachtlichen Gipfelhöhen ist dagegen eher bescheiden.
Größeren Eisfeldern begegnet man lediglich am Massiv der Cima Tosa (3173 m), wo zwischen Schatten spendenden Felsmauern gleich mehrere Gletscher(chen) liegen. Firnbedeckt ist auch die abgeflachte Kuppe des höchsten Brentagipfels. Eine großartige Zweitagetour verläuft rund um die Cima Tosa, mit Aufstieg über die Vedretta dei Camosci, Weiterweg über den »Sentiero dell' Ideale« und den »Sentiero Brentari«.
Zustieg vom Parkplatz Vallesinella (1513 m) zum Rif. Brentei siehe Tour 24.

Bei der **Brentei-Hütte** (2182 m) weist eine Bronzetafel zum »Sentiero Daniele Martinazzi«. Mit der Markierung 327 steigt man zunächst etwa 100 Höhenmeter ab in den Boden des Val Brenta Alta, quert dann, zuletzt steil ansteigend gegen den Fuß der Crozzon-di-Brenta-Nordkante. Im Rückblick zeigen sich Cima Brenta (3150 m), Sfúlmini und Campanile Basso; linker Hand schaut man hinein in die wilde, buchstäblich zugemauerte Eisrinne des Vedretta del Crozzon. Der **»Sentiero Martinazzi«** biegt ein in das zum Gämsengletscher (Vedretta dei Camosci) anstei-

Von der Bocca d'Ambiez geht der Blick über den Gämsengletscher bis zu den Dreitausendern von Adamello und Presanella.

An der Bocca della Tosa; rechts die senkrechte Südwand der Cima d'Ambiez.

gende, zuhinterst von der Cima d'Ambiez (3095 m) überragte Gerölltal. Einen ersten Felsriegel umgeht die gut markierte Spur rechts, eine halbe Stunde höher betritt man den hier meterhoch mit Geröll bedeckten Gletscher. Nun links haltend zu den Felsen (Inschrift »Cima Tosa, Rifugio XII Apostoli«) und mit guten Sicherungen (Drahtseile, einige Stifte) ins obere Gletscherbecken.

Unter dem mächtigen Westabsturz der Cima Tosa im Firn hinauf zu der ausgetretenen Spur, die von der Bocca dei Camosci in die **Bocca d'Ambiez** (2884 m) leitet. Mit ihr flach bis unter die Scharte, dann mühsam am linken Rand einer Rinne etwa 60 Meter aufwärts zu einem Band. Auf ihm (Drahtseile) unter Überhängen nach rechts, dann weiter gut gesichert (u.a. 10 m lange Leiter) in die **Bocca d'Ambiez** (2884 m). Jenseits des Jochs über gestufte Felsen (Sicherungen) hinunter auf den kleinen Ambiez-Gletscher (gut auf Markierungen achten!). Man quert das Firnfeld (Spur, Markierungsstangen) nach Osten und steigt ein in die Felsen (ca. 2740 m).

Der »Sentiero Brentari« startet steil, führt, mit Eisenbügeln und einer Leiter gesichert, über die Felsen auf ein Horizontalband. Kurz nach rechts, dann weiter über mehrere Leitern bis auf die Höhe der **Bocca della Tosa**.

Sie wird auf einem Band überschritten; anschließend quert die Route, weiter sehr gut gesichert, den Südabsturz der Cima Garbari (3021 m). Hinter einer kleinen Holzbrücke erreicht man die **Sella della Tosa** (2872 m), einen großartigen Rast- und Aussichtsplatz. Einmalig der Blick nach Nordosten, auf die grandiosen Felsbauten um den berühmten Campanile Basso (Guglia, 2874 m).

Die Fortsetzung des »Brentari-Steigs« führt absteigend über Geröll und Eisreste des unteren Tosa-Gletschers. Unter den Felsen der Cima Brenta Bassa (2812 m) biegt er um zum großen Steinbau des **Rifugio Pedrotti** (2486 m).

Von der Hütte leitet eine deutliche Spur ansteigend in die **Bocca di Brenta** (2552 m). Dahinter im Geröll kurz abwärts (von rechts mündet der »Sentiero delle Bocchette Centrali«), dann gesichert über eine steile Felsrampe weiter hinunter zu einem kümmerlichen Gletscherrest. Auf deutlicher Spur durch das Val Brenta Alta bergab, zuletzt fast flach zurück zum **Rifugio Brentei** (2182 m).

Abstieg zum Parkplatz Vallesinella wie bei Tour 24.

27

Lago di Val d'Agola, 1596 m

Idylle unter dem Doss del Sabion

Ausgangspunkt: Parkplatz (1320 m) im Val d'Agola; Anfahrt von Limeda (1156 m), einem Ortsteil von Sant'Antonio di Mavignola über eine teilweise geteerte Straße, 5 km.
Bahn/Bus: Buslinie Madonna di Campiglio – Limeda – Pinzolo .
Gehzeit: 2¼ Std.
Charakter: Gemütlicher Spaziergang, teilweise auf Schotterpisten, auch für Familien geeignet. Am Bergsee schöne Rastplätze.
Einkehr: Keine.
Karte: KOMPASS Nr. 73.

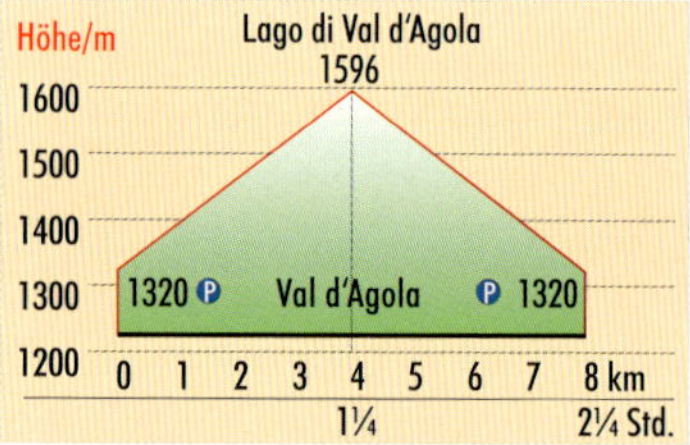

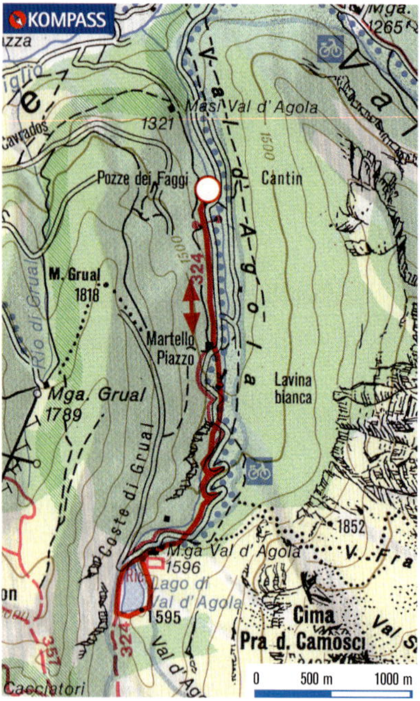

Alpine Sensationen bietet die kleine Talwanderungen zum Lago di Val d'Agola keine, schöne Landschaftseindrücke aber durchaus. Die Felsgipfel bleiben zwar Kulisse, halten auch Abstand, der Blick etwa ins Val Larga, über dem sich die wild-einsamen Felskronen des Crozzon di Val d'Agola (2672 m), des Dosson di Francigli (2709 m) und der Cima di Nardis (2613 m) erheben, lässt aber schon etwas Brenta-Feeling aufkommen. Mit etwas Glück kann man hier sogar den »König der Lüfte« entdecken – einen Adler, der vor den Dolomitwänden gerade seine Aufwindkreise zieht. Agola ist die Dialektbezeichnung für aquila (=Adler).

Auf dem Weg zu dem idyllischen Bergsee begegnen einem öfters auch Mountainbiker, die rund um den Doss del Sabion (2101 m) ein schö-

Idyllisches Gewässer unter schroffen Felsen: der Lago di Val d'Agola und der Crozzon di Val d'Agola.

nes Tourenrevier finden. Den »Hausberg« von Pinzolo erreicht man ganz bequem per Seilbahn und Lift; er bietet eine bemerkenswerte Rundschau und Aussicht auf fast die ganze Brenta. Auf markierten Wegen kann man zudem zum Lago di Val d'Agola absteigen. Die Wanderung beginnt gemütlich, führt sanft steigend auf der Sandstraße taleinwärts.

Im Vorblick hat man die schroffen Felsflanken der Cima Prà dei Camosci (2436 m); links mündet das Val Larga.

Nun entweder weiter auf der Schotterpiste oder abkürzend auf dem markierten Waldweg über eine Geländestufe bergan zur Malga Val d'Agola (1592 m) und weiter zum See. Er lässt sich in etwa einer Viertelstunde auf einem guten Steig umrunden. Dabei genießt man Einblick in das von mächtigen Felsen umrahmte Val di Nardis, über dem das Rifugio XII Apostoli (2487 m) steht, südlicher Endpunkt der legendären »Via delle Bocchette«.

Rund um den Lago di Val d'Agola finden sich schöne Rastplätze.

Rifugio XII Apostoli, 2487 m

Apostel aus Fels

Ausgangspunkt: Doss del Sabion (2101 m), Hausberg von Pinzolo mit Seilbahn.
Bahn/Bus: Pinzolo (744 m) hat Busverbindungen mit Madonna di Campiglio und Tione di Trento. Die Seilbahnen am Doss del Sabion verkehren Ende Juni bis Mitte September von 8.30–13 Uhr, 14–18 Uhr.
Gehzeit: Aufstieg 2¾ Std., Abstieg 2¼ Std.; gesamt 5 Std.
Charakter: Interessante Hüttenwanderung, die etwas Ausdauer und einen sicheren Tritt verlangt. Kurze gesicherte Passagen.

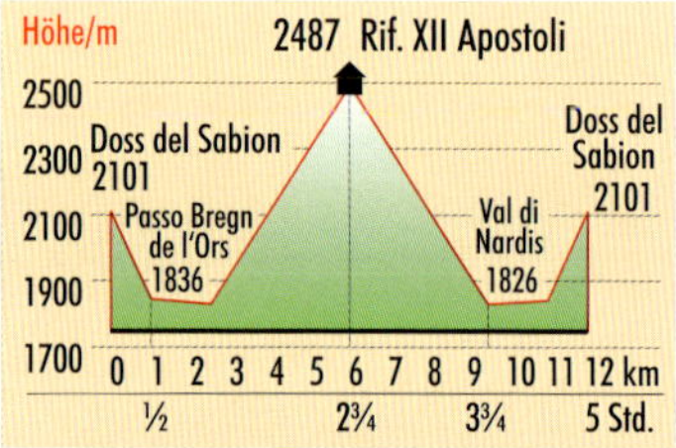

Einkehr: Ristorante Doss del Sabion (Ende Juni bis Mitte September), Rifugio XII Apostoli (20. Juni bis 20. September).
Karte: KOMPASS Nr. 73.

Zwölf Apostel mitten in der Brenta? Ja, und die zwölf Herren dürften sogar um einiges älter sein als ihre Namensgeber. Sie stehen unweit von »ihrer« Hütte (die übrigens seit 1948 von der Familie Salvaterra kompetent betreut wird), eine Felsformation, in der man mit etwas gutem Willen zwölf Zacken (Köpfe?) entdecken kann. Die im Jahr 1952 eingeweihte, originelle Felsenkapelle neben dem Schutzhaus hat mit den Zwölf allerdings nichts zu tun; sie erinnert an ein Bergunglück, bei dem drei Menschen ums Leben kamen. Jeweils am letzten Sonntag im Juli wird hier eine Bergmesse gefeiert.

Die Hüttenwanderung startet mit einem längeren Abstieg, der vom Seilbahnberg **Doss del Sabion** (2101 m) in den **Passo Bregn de l'Ors** (1836 m) führt. Aus der Sen-

Oben: Das Rifugio XII Apostoli. Unten: die Felsenkapelle bei der XII-Apostel-Hütte.

ke ohne Höhengewinn nördlich um die Pala dei Mughi (2323 m) herum zum Eingang des Val di Nardis. In dem von Felswänden umstandenen Kessel beginnt (endlich!) der eigentliche Anstieg. Er leitet bergan zu der so genannten **»Scala Santa«,** einem sehr steilen, mit Latschen bewachsenen Hang. Leitern gibt's hier keine, aber drei mit Drahtseilen gesicherte Passagen.

Unter den Südwänden der Cima di Nardis (2613 m) quert man anschließend ein Geröllfeld nach rechts, dann geht's über Felsstufen, Karren und vom Gletschereis glatt geschliffene Platten weiter aufwärts, bis man fast die Höhe der Hütte gewonnen hat. Auf Bändern (kurzes Drahtseil) nach rechts und zuletzt über plattige Felsen zur Hütte.

Abstieg auf dem Anstiegsweg. Wer dem Gegenanstieg zum Doss del Sabion ausweichen möchte, steigt vom Passo Bregn de l'Ors über die gleichnamige Alm ab zur Umsteigestation der Lifte auf **Prà Rodont** (1530 m).

Cima di Pratofiorito, 2908 m

Blumen aus Stein?

Ausgangspunkt: Doss del Sabion (2101 m), Hausberg von Pinzolo mit Seilbahn.
Bahn/Bus: Pinzolo (744 m) hat Busverbindungen mit Madonna di Campiglio und Tione di Trento. Die Seilbahnen am Doss del Sabion verkehren Ende Juni bis Mitte September von 8.30–13 Uhr, 14–18 Uhr.

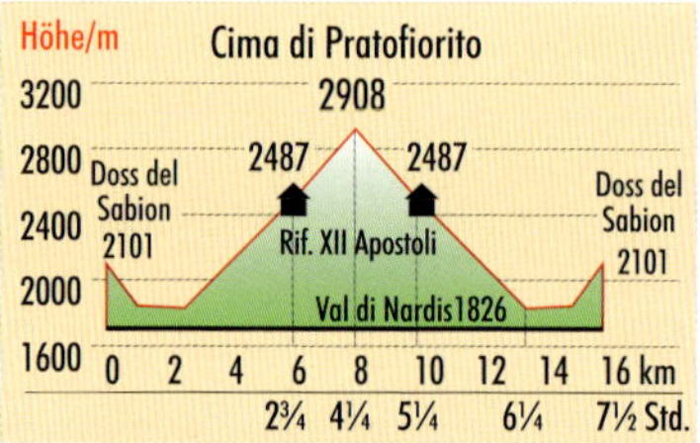

Gehzeit: Aufstieg 4½ Std., Abstieg 3 Std.; gesamt 7½ Std.
Charakter: Anspruchsvolle Gipfeltour, wobei die Schwierigkeiten stark von den Verhältnissen abhängen. Der Anstieg ist lediglich mit ein paar Steinmännchen versehen, die Orientierung deshalb nicht ganz leicht. Kurze Passagen im I. Schwierigkeitsgrad. Keinesfalls bei unsicherer Witterung gehen; eventuell Übernachtung auf der Hütte einplanen, um früh am Gipfel zu sein (Nebel). Der Wirt auf dem Rifugio XII Apostoli, Ermanno Salvaterra, gibt gerne Auskunft über die aktuellen Bedingungen.
Einkehr: Ristorante Doss del Sabion (Ende Juni bis Mitte September), Rifugio XII Apostoli (20. Juni bis 20. September)
Karte: KOMPASS Nr. 73.

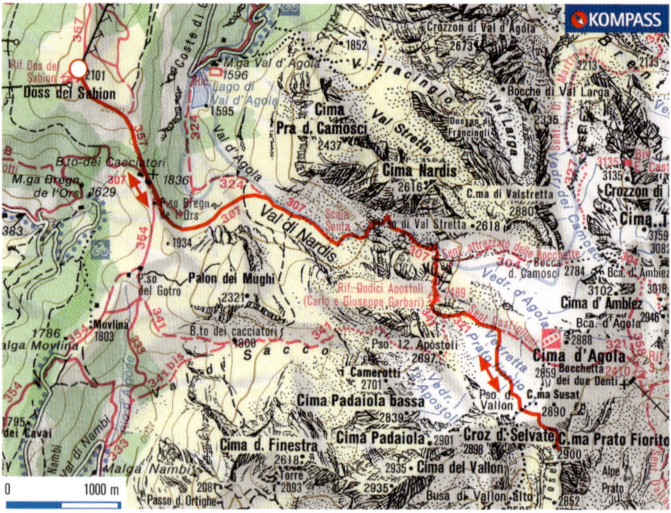

Nichts als Steine: das Rifugio XII Apostoli im Südwesten der Brenta.

Blumen (fiori) gibt's auf dem Gipfel der Cima di Pratofiorito keine, dafür aber eine Aussicht, in der sich Nah-, Fern- und Tiefblicke zu großartigen Bildern verbinden. Überwältigend die massige Cima Tosa (3173 m), das »Dach« der Brenta, Schwindel erregend die Tiefblicke in den Graben des Val d'Ambiez. Vor gut hundert Jahren, als Adolf Gstirner mit einem einheimischen Begleiter die Cima di Pratofiorito erstmals bestieg (1892), dürfte ihn der Weg noch weitgehend über Firn und Eis geführt haben. Mittlerweile ist der Gletscher unter dem Gipfel zu einem kümmerlichen Rest mutiert.

Aufstieg vom Doss del Sabion zum **Rif. XII Apostoli** (s. Tour 28). Von der Hütte (2487 m) zunächst auf dem Weg 321 bis unter die Felsen der Cima d'Agola bassa (2850 m). An einem markanten Band (ca. 2700 m) verlässt man die markierte Route rechts und steigt über plattige Felsen und Absätze an zu einer bis in den Hochsommer hinein mit Schnee gefüllten Rinne. Entweder durch sie oder rechts über gestufte Felsen aufwärts bis zu einem kleinen Geröllband unter der **Bocchetta di Pratofiorito** (2852 m). Begehungsspuren folgend im Geröll zu einem weiteren Horizontalband, das nach rechts zu den Gipfelfelsen leitet. Leicht zum Grat und über ihn zum höchsten Punkt.

Abstieg nur auf dem Anstiegsweg! Wer dem Gegenanstieg zum Doss del Sabion ausweichen möchte, steigt vom Passo Bregn de l'Ors über die gleichnamige Alm ab zur Umsteigestation der Lifte auf **Prà Rodont** (1530 m).

30

Der Sentiero Benini

Auftakt zur »Via delle Bocchette«

Ausgangspunkt: Seilbahnstation am Passo del Grostè (2437 m); Talstation oberhalb von Madonna di Campiglio am Campo Carlo Magno.
Endpunkt: Bocca di Tuckett (2648 m).
Abstiege: Zum Rif. Tuckett (2272 m) 1 Std., zum Rif. Croz dell'Altissimo (1430 m) 2½ Std.
Bahn/Bus: Die Grostè-Gondelbahn ist von Mitte Juli bis Mitte September in Betrieb; erste Fahrt um 8.30 Uhr.
Gehzeit: »Sentiero Benini« 3½ Std., mit Rückweg zum Passo del Grostè 5¾ Std.
Charakter: Landschaftlich sehr eindrucksvoller, aber nur mäßig schwieriger Abschnitt der »Via delle Bocchette«. Bergerfahrung unerlässlich, ebenso Helm und Klettersteigset.
Einkehr: Rifugio Tuckett (20.6.–20.9.).
Karte: KOMPASS Nr. 73.

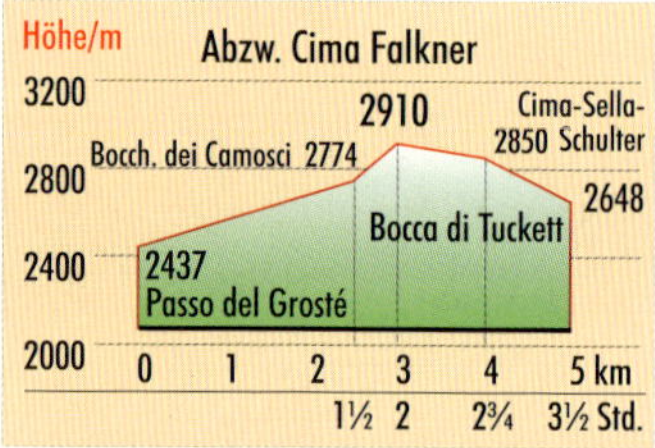

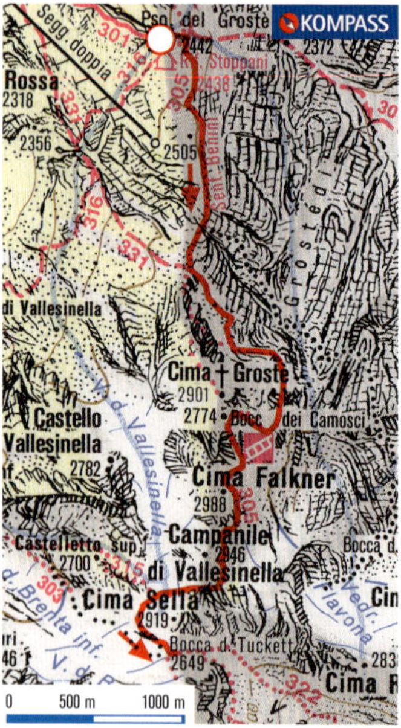

Der »Sentiero attrezzato Alfredo Benini« macht den Auftakt zur großen Brenta-Durchquerung.
Und dieser Auftakt ist sehr viel versprechend, ganz nach dem Gusto der Klettersteigler: spannender Wegverlauf, packende Dolomitenbilder, reichlich Eisen und kontrastreiche Fernblicke. Sehr angenehm ist, dass man gleich »oben« einsteigen kann, am Passo del Grostè (2446 m). Das eröffnet die Möglichkeit, an der Bocca di Tuckett gleich weiterzugehen und über den »Sentiero delle Bocchette Alte« (siehe Tour 32) als Etappenziel das Rifugio Alimonta (2580 m) anzusteuern. Brenta total!
Bei der Seilbahnstation (2437 m) am **Passo del Grostè** weist ein Schild den Weg: »Sentiero Benini«. Rot-weiße Markierungen leiten sanft steigend über das weitläufige öde Karstgelände von Grostè.

Auf den Bändern des »Sentiero Benini«; ganz links die Cima Brenta.

Nach kurzem Zwischenabstieg wendet sich der Steig in die Ostflanke der Cima del Grostè. Auf überwiegend bequem breiten Felsbändern (Drahtseile) umrundet man den Bergstock.

Dabei bietet sich ausreichend Gelegenheit, die apokalyptische Trümmerwelt unterhalb der Cima Roma zu bestaunen. An der schmalen **Bocchetta dei Camosci** (2784 m) öffnet sich kurz ein bezaubernder Durchblick auf die dunklen Grate des Presanella-Massivs.

Die Gämsenscharte wird aber lediglich tangiert; die Fortsetzung des »Sentiero Benini« folgt einem System von Bändern, das die Ostabstürze des Campanile dei Camosci und die Cima Falkner (2999 m) durchzieht. Drahtseile sichern den luftigen Gang. Eine Bronzetafel markiert den höchsten Punkt der Route (ca. 2910 m). Weiter mit gesichertem Zwischenabstieg unter dem Campanile di Vallesinella (2946 m) hindurch zu einer Aussichtskanzel mit fantastischem Blick zur Cima Brenta (3150 m).

Der »Benini-Steig« wechselt nun auf die Westseite des Kamms (Direktabstieg zum **Rifugio Tuckett** möglich, markiert). Rechts um den markanten »Schiffsbug« der Cima Sella (2917 m) herum und über eine Leiternfolge hinunter in die enge **Bocca di Tuckett** (2648 m).

Cima Falkner, 2999 m

Vom höchsten Punkt des »Sentiero Benini« aus besteigt man in wenigen Minuten durch steile, aber gestufte Rinnen den Gipfel des Fast-Dreitausenders. Großes Panorama.

Der Sentiero SOSAT

Bänder und Leitern

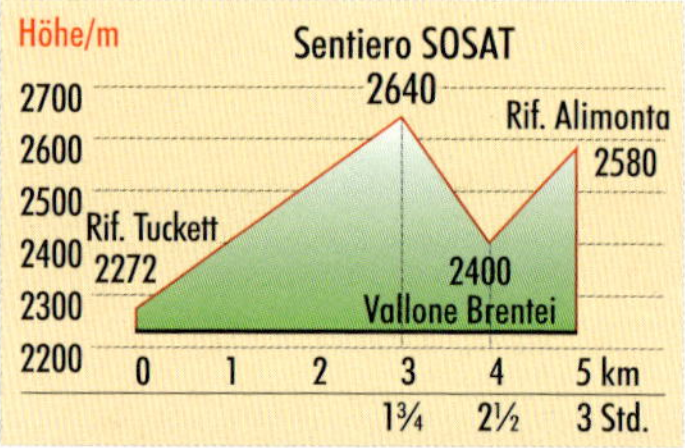

Ausgangspunkt: Rif. Tuckett (2272 m).
Endpunkte: Rif. Alimonta (2580 m) bzw. Rif. Brentei (2182 m).
Zustiege: Vom Passo del Grostè 1¼ Std., ab Vallesinella 2 Std.
Abstiege: Vom Rifugio Brentei in die Vallesinella 1¾ Std.
Bahn/Bus: Die Grostè-Gondelbahn ist von Mitte Juli bis Mitte September in Betrieb; erste Fahrt um 8.30 Uhr.
Gehzeit: 3 Std. (zum Rifugio Alimonta) bzw. 2¾ Std. (zum Rifugio Brentei).
Charakter: Nur mäßig schwierige, abschnittweise gesicherte Verbindung zwischen dem Rifugio Tuckett und der Alimonta- bzw. Brentei-Hütte. Zur Ausrüstung gehören Klettersteigset und Helm.
Einkehr: Rifugio Tuckett, Rifugio Alimonta, Rifugio Brentei (alle 20. Juni bis 20. September).
Karte: KOMPASS Nr. 73.

Wem der »Sentiero delle Bocchette Alte« (siehe Tour 32) zu anspruchsvoll ist, hat im »SOSAT-Steig« eine Alternative, die ebenfalls Klettersteig-Charakter aufweist, dem Brenta-Hauptkamm aber ausweicht. Landschaftlich ist die Route sehr reizvoll, einen Blickfang bildet der grandiose Felsrahmen des Brentatals mit dem Riesenklotz des Crozzon di Brenta (3130 m). Der »Sentiero SOSAT« lässt sich auch gut von der Vallesinella aus im Rahmen einer Tagestour begehen (etwa 6½ Std.).

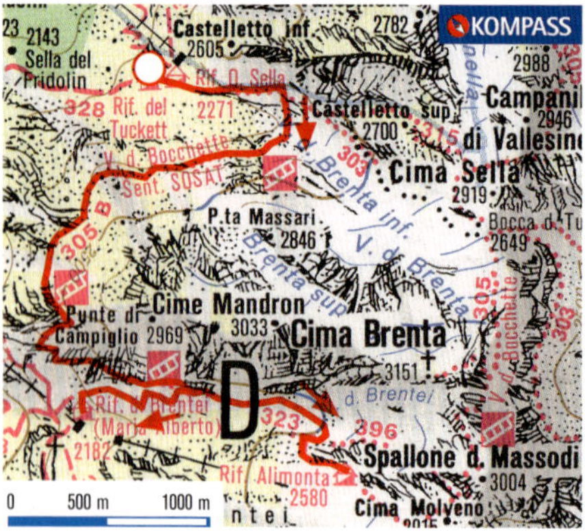

Vom **Rifugio Tuckett** (2272 m) folgt man dem Steig zur Bocca di Tuckett, bis rechts der »Sentiero SOSAT« abgeht (Wegzeiger). Er quert zunächst den Moränenschutt im Vorfeld des stark geschrumpften Tuckett-Gletschers und steigt dann über gestufte Felsen an zu einer mit Bergsturztrümmern übersäten Terrasse. Schöner

Eine schöne Aussichtspromenade. Blick vom »SOSAT-Weg« auf Adamello und Presanella.

Rückblick auf den Castelletto Inferiore (2601 m), einen bekannten Kletterberg. Zur Linken ragt die kompakte Mauer der Punta Massari (2846 m) in den Himmel, am westlichen Horizont baut sich die Cima Presanella (3558 m) als elegantes Felsdreieck auf. Die gut markierte Spur schlängelt sich zwischen dem Blockgewirr hindurch. Am höchsten Punkt der Route (ca. 2640 m) wird unvermittelt der Blick auf den Crozzon di Brenta frei – was für ein Bild!

Wenig weiter steigt der **»Sentiero SOSAT«** gut gesichert in eine tiefe Schlucht ab; über eine lange, senkrechte Leiter entsteigt man dem Graben anschließend auf ein Horizontalband. Es leitet quer durch die Südabstürze der Punte di Campiglio; dabei genießt man faszinierende Brenta-Bilder, kurz einen schwindelnden Tiefblick aufs Dach der Brentei-Hütte.

Zuletzt leiten die Sicherungen über Felsstufen hinunter in den Vallone dei Brentei, wo man sich entscheiden muss: links hinauf zum **Rifugio Alimonta** (s. Tour 25) oder rechts hinab zum **Rifugio Brentei** (s. Tour 24).

Kriechstelle am »Sentiero SOSAT«; rechts Torre di Brenta und Sfulmini.

32

Sentiero delle Bocchette Alte

Die »Haute Route« der Brenta

Ausgangspunkt: Bocca di Tuckett (2648 m), Übergang von der Tuckett-Hütte ins Val Perse.
Endpunkt: Vedretta degli Sfulmini (ca. 2700 m)
Zustiege: Ab Rif. Tuckett (2272 m) 1¼ Std., ab Rif. Croz dell'Altissimo (1430 m) 3½ Std.
Abstiege: Rif. Alimonta (2580 m), 15 Min.
Gehzeit: 4½ bis 5 Std.
Charakter: Ausgeprägt hochalpine Überschreitung des Cima-Brenta-Massivs mit luftigen Querungen und zahlreichen, teilweise senkrechten Leitern. Je nach Jahreszeit und aktuellen Verhältnissen muss unterwegs mit Schnee oder Eis gerechnet werden. Eine tolle Tour für erfahrene Bergsteiger mit entsprechender Ausrüstung (Klettersteigset, Helm, evtl. Steigeisen). Nur bei sicherem Wetter gehen – unterwegs kein Notabstieg!
Einkehr: Rifugio Alimonta (2580 m)
Karte: KOMPASS Nr. 73.

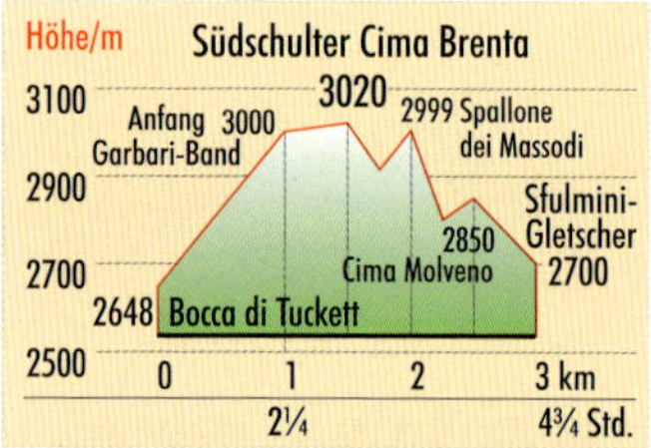

Was für eine Lage!
Das Rifugio Alimonta vor den Gletschern und Gipfeln von Adamello und Presanella.

Am Abstieg vom Spallone dei Massodi; Blick auf Adamello und Presanella.

Ein absoluter Höhepunkt bei jeder Brenta-Durchquerung auf gesicherten Steigen ist – in doppeltem Sinn – der »Sentiero delle Bocchette Alte«: höher hinauf geht's nicht mehr, und spannender ist kein Abschnitt der legendären »Via delle Bocchette«.

Über den Wolken. Auf den Bändern der Bocchette Alte.

Auf knapp zwei Kilometern Luftlinie wird in konzentrierter Form all das geboten, was die Einzigartigkeit der Brenta ausmacht: die traumhafte Felskulisse, Aussicht en masse und ein spektakulärer Routenverlauf, mal senkrecht, dann wieder horizontal entlang der berühmten Bänder verlaufend, der dem erdgebundenen Wanderer die Illusion eines fast schwerelosen Gangs zwischen Himmel und Erde vermittelt.

Nördlicher Ausgangspunkt des »Sentiero delle Bocchette Alte« ist der schmale Einschnitt der **Bocca di Tuckett** (2648 m), auf den der »Sentiero Benini« mündet (siehe Tour 30). Gut markiert und mit Drahtseilen sowie mehreren Leitern gesichert, gewinnt er am gestuften Nordgrat der **Cima Brenta** (3150 m) zügig an Höhe. Die anregende Kletterei bietet ausreichend Gelegenheit, die fantastischen Aus- und Tiefblicke zu genießen, etwa zur Presanella und zum Molvenosee. An der 3000-Meter-Höhenmarke mündet die Route auf ein komfortabel breites Geröllband, das **»Cengia Garbari«**. Es schneidet die Ostflanke der Cima Brenta – eine echte »strada panoramica«! – und geht schließlich in ein schmales Felsband über, von dem man mit Hilfe zweier Leitern in eine Steilrinne absteigt. Drahtseile sichern diese etwas heikle Passage; anschließend führt der »Sentiero delle Bocchette Alte«, teilweise recht luftig und weitere Rinnen querend, über Bänder zur **Südschulter** der Cima Brenta (ca. 3020 m). Schlicht grandios ist die Szenerie – das »steinerne Herz der Brenta«.

Im Rücken hat man die Südwand des zweithöchsten Brentagipfels, im Südwesten, jenseits des Val Brenta, baut sich massig das »Dach« des Massivs, die Cima Tosa (3173 m) auf, flankiert vom Crozzon di Brenta (3130 m), im Süden stehen die Türme und Zinnen des Sfulmini-Kamms mit dem Torre di Brenta (3014 m).

Kaum weiter als ein paar Gehminuten entfernt scheint der **Spallone dei Massodi** (2999 m), nächster Hochpunkt an der Ferrata. Nicht sichtbar sind allerdings im Gegensatz zu seinem abgeflachten Geröllgipfel die tiefen Einschnitte, die ihn vom Cima-Brenta-Massiv und von der Cima Molveno trennen. Beide werden mit Hilfe aufwändiger Sicherungen ab- und wieder ansteigend traversiert; besonders spektakulär ist die »Scala degli Amici«, die senkrecht aus der **Bocchetta alta dei Massodi** herausführt, ausgesetzt auch die Leiternserie vom Spallone hinab in die **Bocchetta bassa dei Massodi** (2796 m).

Auf diesen engen Einschnitt mündet der »Sentiero Detassis« (siehe Tour 33).

Der letzte Abschnitt des »Sentiero delle Bocchette Alte« steigt an gegen die **Cima Molveno** (2917 m). Dahinter mit Drahtseilsicherungen und einer Leiter steil abwärts zum Sfulmini-Gletscher (ungefähr 2700 m), wo sich die Route gabelt: rechts geht es zum **Rifugio Alimonta** (2580 m), links hinauf zur Bocchetta degli Armi (2749 m) bzw. zum »Sentiero delle Bocchette Centrali« (siehe Tour 34).

Am Garbari-Band steigt der »Sentiero delle Bocchette Alte« bis zur 3000-m-Höhenmarke an.

33

Der Sentiero Detassis

Feuerwehrleitern im Brentafels

Ausgangspunkt: Rifugio Alimonta (2580 m).
Endpunkt: Bocchetta bassa dei Massodi (2796 m).
Zustieg: Von Vallesinella 3½ Std.
Gehzeit: 1¼ Std.
Charakter: Spektakuläre Leiternfolge in den Felsen unterhalb des Spallone dei Massodi, bietet sich als Variante zum südlichsten Teilstück des »Sentiero delle Bocchette Alte« an.
Absolute Schwindelfreiheit und eine entsprechende Ausrüstung ist unerlässlich

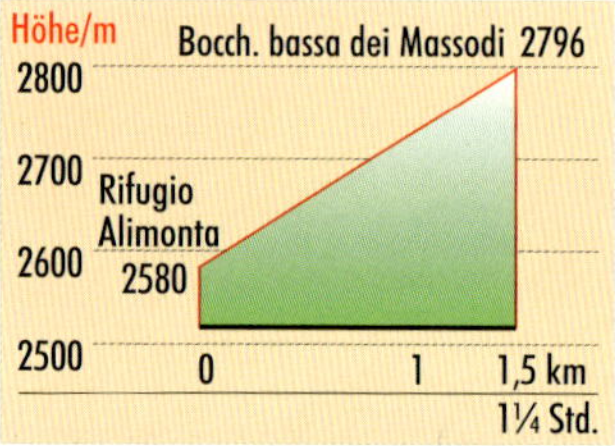

(Helm, Klettersteigset)!
Einkehr: Rifugio Alimonta (2580 m).
Karte: KOMPASS Nr. 73.

Wer spektakuläre Eisenrouten mag und dabei nicht unbedingt gerne in den Fels greift, wird an dieser Ferrata seine Freude haben. Gut 100 Höhenmeter überwindet sie nahe der Vertikalen, eine Folge von Feuerwehrleitern, die jeweils zum nächst höheren Horizontalband führen, bis in die enge Scharte südlich des Spallone dei Massodi. Ein Relikt aus jener Epoche, als man sich auch beim richtigen Klettern reichlich künstlicher Hilfsmittel bediente...
Eine der Leitern, die »Scala degli Dei«, hängt sogar leicht über. Erbaut wurde die Ferrata von den Brüdern Detassis, die sie ihrer »Mama« und den Müttern aller Bergsteiger widmeten.

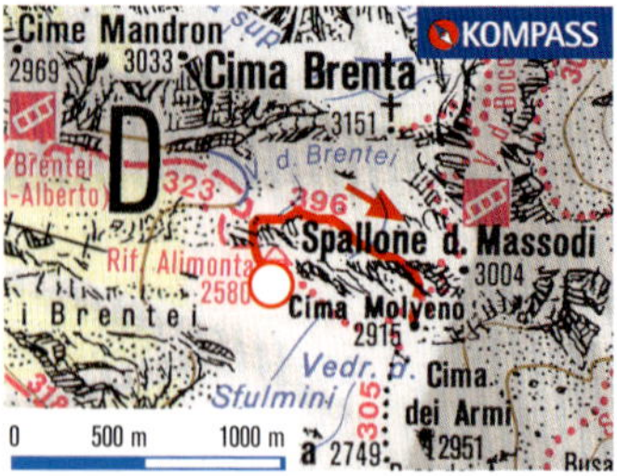

Vom **Rifugio Alimonta** (2580 m) führt eine markierte Spur um die bizarre Felsbastion der Gemelli (Zwillinge, 2691 m) herum in den Vallone dei Brentei, wo ein direkter Zustieg vom Rifugio Brentei (2182 m) mündet.
Über Geröll etwas mühsam zum Einstieg im innersten, halbkreisförmig von jäh aufschießenden Felsen umschlossenen Karwinkel (ca. 2670 m). Nicht zu übersehen ist dabei die tiefe, zwischen dem Spallone dei Massodi und der Cima Molveno herabziehende Steilrinne.
Links im Fels entdeckt man die übereinander angeordneten Leitern der **»Ferrata Oliva Detassis«:** gut 300 Sprossen luftige Kra-

Auf den Feuerwehrleitern des »Sentiero Detassis«; am Horizont die Cima Presanella.

xelei. Die schmalen Horizontalbänder zwischen den einzelnen Leitern bieten Gelegenheit zum Verschnaufen.

An der **Bocchetta bassa dei Massodi** (2796 m) endet der Kraftakt, mündet die Route in die »Via delle Bocchette Alte«.

34

Sentiero delle Bocchetto Centrali

Der Klassiker – traumhaft!

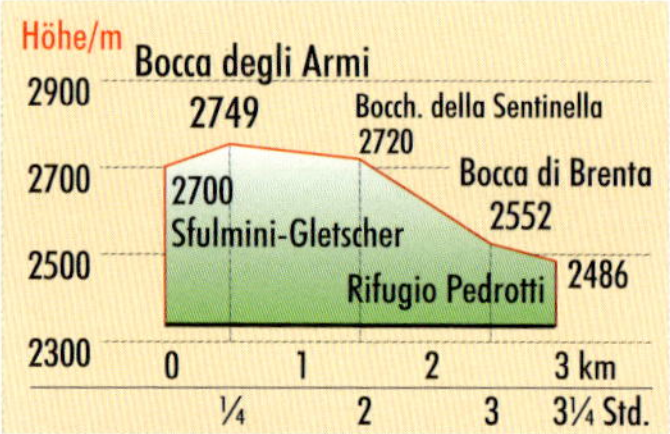

Ausgangspunkt: Vedretta degli Sfulmini (ca. 2700 m).
Endpunkt: Bocca di Brenta (2552 m).
Zustieg: Ab Vallesinella 3¾ Std.
Abstiege: Nach Vallesinella 2¾ Std., nach Molveno 3¼ Std.
Gehzeit: 3¼ Std.
Charakter: Großartiger Klettersteig-Klassiker, nur mäßig schwierig, im Verlauf aber sehr spektakulär. Klettersteigset und Helm unerlässlich, im Hochsommer bei Schönwetter oft Kolonnenwandern auf den Bändern. Trotzdem der Hit unter allen Brenta-Ferrate.
Einkehr: Rif. Alimonta (20.6.– 20.9.), Rif. Pedrotti (20.6.– 20.9.).
Karte: KOMPASS Nr. 73.

Vorzustellen braucht man das Herzstück der »Via delle Bocchette« kaum mehr. Fast jede/r hat schon einmal von ihm gehört, Bilder oder Videos gesehen, Beschreibungen gelesen. Letztere überbieten sich mit mehr oder weniger passenden Superlativen – zu Recht allerdings, denn hier hat die Natur eine Kulisse geschaffen, bei deren Anblick einem fast der Atem stockt: waagrecht gebändert, senkrecht aufgebaut präsentiert sich der mehrgipflige Sfulmini-Kamm mit dem unglaublichen Campanile Basso als absolutem Blickfang. Diesen Weg muss man einfach gemacht haben!

Über den **Sfulmini-Gletscher** (Spalten) steigt man in wenigen Minuten an zur **Bocca degli Armi** (2749 m), dem nördlichen Ausgangspunkt des »Sentiero delle Bocchette Centrali«. Aus der Scharte rechts über Leitern auf einen schmalen Felsrücken, von dem man leicht auf das große

Das berühmte Band am zentralen Bocchette-Weg.

Horizontalband umsteigt, das die gesamten Ostabstürze des Torre di Brenta (3014 m), der Sfulmini und des Campanile Alto durchzieht, dabei einige Rinnen querend. Fantastisch die Kulisse, herrlich die Tief- und Fernblicke bis zum Pasubio und zu den Monti Lessini am Südsaum der Alpen. Eine spektakuläre Passage leitet aus einem düsteren Schluchtwinkel auf ein überdachtes Band und anschließend hinaus zu einer Felskanzel, wo unvermittelt der **Campanile Basso** (Guglia di Brenta, 2874 m) ins Blickfeld kommt. Wow! Da verschlägt's manchem den Atem angesichts dieses unglaublichen Turms, der da aus dem Brenta-Hauptkamm emporwächst. Von der **Bocchetta della Sentinella,** einer Minischarte im Südostgrat des Campanile Alto, führt der Weg über gestufte Felsen hinab zum Sockel des Campanile Basso und hinüber zur **Bocchetta del Campanile Basso.** Hier wechselt die Route auf die Westseite des Sfulmini-Kamms. Gut gesichert klettert man ab zu einem schmalen Band, das quer durch die Westwand der Cima Brenta Alta verläuft (Quelle). Zwei Unterbrechungsstellen sind mit Holzstegen überbrückt; Drahtseile sichern diesen letzten Abschnitt des »Sentiero delle Bocchette Centrali«, der über Leitern schließlich im Geröll knapp unterhalb der **Bocca di Brenta** (2552 m) ausläuft. Jenseits der engen Scharte steht das **Rif. Pedrotti** (2486 m).

35

Der Sentiero Orsi

Ein Höhenweg der Sonderklasse

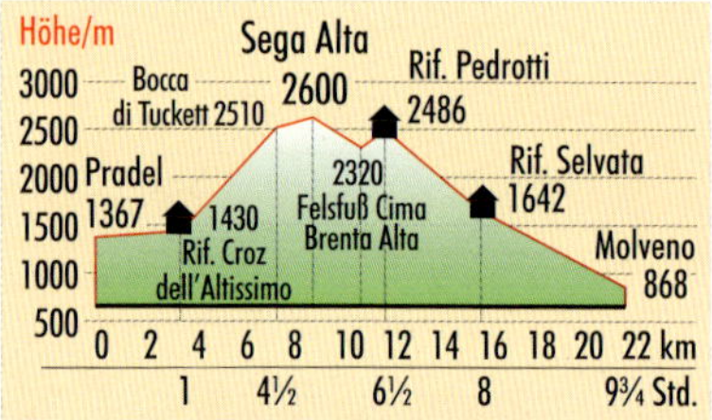

Ausgangspunkt: Zwischenstation der Pradel-Lifte (1367 m); Talstation in Molveno.
Bahn/Bus: Molveno hat Busverbindung mit den Ortschaften der Umgebung. Die Pradel-Lifte verkehren von Ende Juni bis Mitte September von 8.30–12.45 Uhr, 14–18 Uhr.
Gehzeit: Aufstieg 4½ Std., »Sentiero Orsi« 2 Std., Abstieg 3¼ Std.; gesamt 9¾ Std.
Charakter: Landschaftlich einmaliger Höhenweg, nur im Bereich der Sega Alta mit gesicherten Passagen. Im Frühsommer Altschneefelder unter der Ostwand der Cima Brenta; für weniger Geübte Klettersteigset ratsam. Wegen der Länge der Tour empfiehlt sich eine Übernachtung in der Pedrotti-Hütte.

Obwohl mehr Wanderweg als Klettersteig, gehört der »Sentiero Osvaldo Orsi« (gelegentlich auch »Sentiero della Sega Alta« genannt) zum Steigsystem der legendären »Via delle Bocchette«, als leichte Alternative zu den höher in den Felsen verlaufenden »Via delle Bocchette Alte« und »Via delle Bocchette Cen-

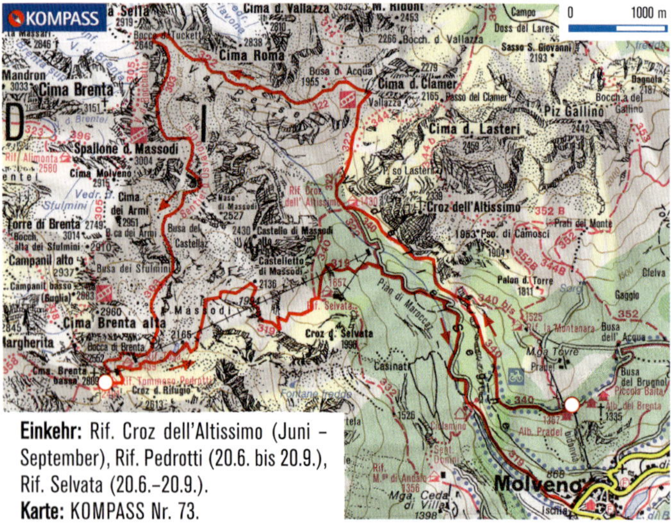

Einkehr: Rif. Croz dell'Altissimo (Juni – September), Rif. Pedrotti (20.6. bis 20.9.), Rif. Selvata (20.6.–20.9.).
Karte: KOMPASS Nr. 73.

trali« (siehe Tour 32 u. 34) oder als Rückweg in die Bocca di Tuckett bzw. zum Rif. Tuckett. Er bietet eine Fülle fantastischer Brentabilder, allen voran natürlich den unbestritten schönsten Blick auf den Campanile Basso (Guglia di Brenta, 2874 m), der vom Busa degli Sfulmini viel eleganter wirkt als etwa vom zentralen Bocchette-Weg. Als Tagestour von Molveno bzw. Pradel aus ist der »Sentiero Orsi« nur etwas für Leute, die Konditionsprobleme höchstens vom Hörensagen kennen. Empfehlenswerter ist deshalb eine Übernachtung im Rif. Pedrotti (2486 m), was zusätzlich die Möglichkeit eröffnet, die zauberhaften Abend- und Morgenstimmungen direkt am Brenta-Hauptkamm zu genießen. Klingt verführerisch, nicht wahr? Zustieg von Pradel (1367 m) zum **Rifugio Croz dell'Altissimo:** s. Tour 41. Hinter der Hütte zweigt der Weg zur Bocca di Tuckett ab. Zunächst zwischen Latschen zur Verzweigung am Eingang in die Vallazza, dann links zunehmend steiler bergan in eine Rinne, die man auf zwei Leitern durchsteigt. Sie mündet auf die Wiesenmulde des **Busa dell'Acqua;** grandios der Blick in die himmelwärts schießenden Wände rundum. Weiter recht mühsam (Quelle!) im Geröll aufwärts zu einer markanten Geländeschulter, dann flach hinein in den obersten Boden des Val Perse mit wilder Felskulisse, zuletzt nochmals kräftig ansteigend bis unter die **Bocca di Tuckett.** Bei einem mächtigen Felsblock (ca. 2510 m; Hinweis) zweigt links der »Sentiero Orsi« ab. Er quert im Geröll unter der Ostwand der Cima Brenta hinüber in die Felsen und zu dem Bandsystem des **Sega Alta** (Drahtseile). Es läuft als Aussichtspromenade der Sonderklasse um den Felsriegel der Naso dei Massodi herum in die **Busa degli Armi.** Leicht absteigend quert der »Sentiero Orsi« diesen weiten, von mächtigen Mauern umschlossenen Geröllkessel. Unter den felsigen Ausläufern der Cima degli Armi Bassa wandert man flach hinüber in die **Busa degli Sfulmini,** wo sich – endlich! – der **Campanile Basso** zeigt, flankiert von den Zacken und Türmen des gesamten Sfulmini-Kamms. Was für ein Bild! Nach kurzem Zwischenabstieg zu den Sockelfelsen der Cima Brenta Alta steigt der Höhenweg nochmals an zum **Rif. Pedrotti** (2486 m). Alternativ kann man auch gleich zum Hüttenzustieg hinüberqueren, spart sich so fast 200 Höhenmeter Gegensteigung. Abstieg nach **Molveno** s. Tour 43.

Am Beginn des »Sentiero Orsi«; in der Tiefe der Molvenosee.

36

Der Sentiero Brentari

Im Schatten der Cima Tosa

Ausgangspunkt: Rif. Pedrotti (2486 m).
Endpunkt: Vedretta d'Ambiez (ca. 2750 m).
Zustiege: Von Vallesinella über die Bocca di Brenta (2552 m) 3½ Std., von Pradel 4¼ Std.
Abstiege: Zum Rif. Agostini ¾ Std.
Gehzeit: 1¾ Std.
Charakter: Hochalpine Traversierung des Tosa-Massivs, teils gesichert. Gutes Wetter und eine entsprechende Ausrüstung (Steigeisen, Klettersteigset, Helm) sind deshalb wichtig. Nur für erfahrene Bergsteiger! Wird in der Regel in Verbindung mit dem »Sentiero dell'Ideale« begangen (siehe Tour 37).
Einkehr: Rif. Pedrotti (20.6.–bis 20.9.).
Karte: KOMPASS Nr. 73.

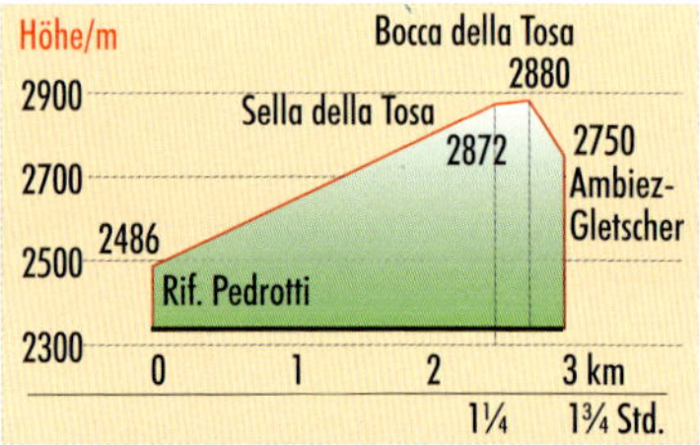

Ganz nahe an den höchsten Gipfel der Brenta, die Cima Tosa (3173 m), führt der »Sentiero Livio Brentari« heran. Entsprechend grandios-hochalpine Eindrücke vermittelt der abschnittweise gesicherte, vor einem halben Jahrhundert eröffnete Steig. Von fast schon beängstigender Intensität sind dabei die Einblicke in versteckte Eis- und Felskammern am Tosa-Massiv, ein starker Kontrast zu den sonnendurchfluteten Höhen um Etschtal und Gardasee, die den südlichen Horizont bilden!

Der »Sentiero Brentari« führt vom **Rif. Pedrotti** (2486 m) zunächst unter den Südabstürzen der Cima Brenta Bassa (2812 m) hindurch, dann ansteigend gegen den nördlichen der beiden (stark geschrumpften) Tosagletscher. Vor sich hat man dabei die mächtige Bastion der Cima Tosa, von der sich ein langer, mehrgipfliger Kamm bis zu den Cime di Ceda (2716 m) erstreckt. Die Landschaft ist deutlich geprägt von ihrer »eisigen« Vergangenheit; der Tosagletscher hat nicht nur die tiefe

Vom »Sentiero Brentari« geht der Blick nach Süden bis zum Gardasee. Rechts die Punta dell'Ideale.

Mulde der Tramontana ausgehobelt, sondern auch eine markante Stirnmoräne am Passo di Ceda (2219 m) zurückgelassen.
Über Geröllterrassen und eine steile Rinne steigt die Route an zur Südostwand der Cima Tosa, wo rechts der Normalweg abgeht (II, nur für Kletterer!).

Weiter in sanftem Anstieg über Geröll zur **Sella della Tosa** (2872 m), einem herrlichen Rast- und Aussichtsplatz. Einmalig der Blick über den Grat der Cima Margherita hinweg auf Sfulmini, Campanile Alto, Campanile Basso und Cima Brenta Alta (2960 m).
Auf dem »Sentiero Brentari« quert man gut gesichert (Drahtseile, Leitern und eine kleine Brücke) zur **Bocca della Tosa.** Jenseits der Scharte, die auf einem Band überschritten wird, geht es rechts einer Eisrinne über steile Felsen, teilweise auf Leitern, hinunter zum kleinen Ambiez-Gletscher (ca. 2750 m). Hier links abwärts zum **Rifugio Agostini** (2410 m) oder rechts weiter auf dem **»Sentiero dell'Ideale«** (siehe Route 37).

Aufstieg vom Ambiez-Gletscher zur Bocca della Tosa.

37

Der Sentiero dell'Ideale

Ausklang an der »Via delle Bocchette«

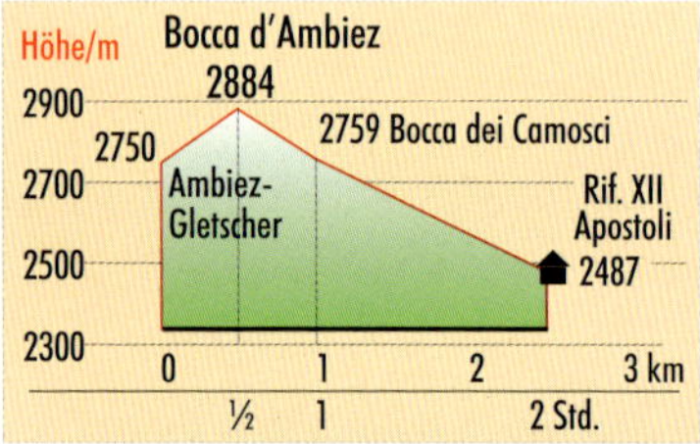

Ausgangspunkt: Vedretta d'Ambiez (ca. 2750 m).
Endpunkt: Rif. XII Apostoli (2487 m).
Zustiege: Vom Rif. Agostini (2410 m) 1¼ Std.
Abstiege: Zum Doss del Sabion (2101 m) 2¼ Std.
Gehzeit: 2 Std.
Charakter: Hochalpiner Übergang von der Vedretta d'Ambiez zum Rifugio XII Apostoli, landschaftlich grandios, abschnittweise gesichert. Gletscher weitgehend spaltenfrei; Steigeisen sollte man aber trotzdem dabei haben (Blankeis), dazu Helm und Klettersteigset. Infos über die Begehbarkeit der Route in den Hütten Pedrotti und XII Apostoli. Der »Sentiero dell'Ideale« wird meistens in Verbindung mit dem »Sentiero Brentari« (s. Tour 36) begangen.
Einkehr: Rifugio XII Apostoli (20. Juni bis 20. September).
Karte: KOMPASS Nr. 73.

Mit dem »Sentiero dell'Ideale«, dem ältesten und gleichzeitig jüngsten Abschnitt der »Via delle Bocchette«, endet die lange, landschaftlich einmalige Überschreitung des Brenta-Hauptkamms. Eröffnet wurde der Steig bereits 1932, gut siebzig Jahre später machte die Klimaerwärmung bzw. das Abschmelzen des Eises an der **Bocca d'Ambiez** (2884 m) eine teilweise Neutrassierung erforderlich. Der westseitige Abstieg aus der Scharte erfolgt nun über neue, solide Sicherungen rechts der markanten Steilrinne.

Die Überschreitung der Bocca d'Ambiez (2884 m) beginnt auf dem gleichnamigen kleinen Gletscher, den man – vom »Sentiero Brentari« kommend – ansteigend nach Nordwesten hin zum Einstieg quert (Spur, Eisenstangen). In den Felsen leitet der »Sentiero

Am Abstieg von der Bocca d'Ambiez auf den gleichnamigen Gletscher.

Fernsicht: Blick vom Ambiez-Gletscher zum Monte Baldo über dem Gardasee.

attrezzato dell' Ideale« steil, aber gut gesichert über Bänder, Aufschwünge und durch einen Kamin aufwärts. Von der Scharte bietet sich ein packender Rückblick auf die Punta dell' Ideale (2954 m) und ihre Trabanten.

Der Abstieg zum Gämsengletscher führt fast durchgehend gesichert (Drahtseile, Haken, eine gut 10 m lange Leiter) über steile, aber gestufte Felsen hinunter zu einer Geröllrinne. An ihrer rechten Seite im Schutt weiter bergab auf den Gletscher. Man traversiert ihn nach Westen und steigt dann (Sicherungen) etwa 30 m an in die **Bocca dei Camosci** (2759 m) mit freier Sicht zum Adamello-Massiv. Jenseits der Scharte auf der Seitenmoräne des stark geschrumpften Vedretta d'Agola ins Vorgelände des Gletschers und über Geröll zum **Rif. XII Apostoli** (2487 m).

38

Via ferrata Ettore Castiglioni

Steile Leitern auf die Bocchetta dei Due Denti, 2859 m

Ausgangspunkt: San Lorenzo in Banale (716 m) bzw. Parkplatz am Eingang zum Naturpark Adamello – Brenta. Anfahrt auf schmaler Straße; im Sommer kann man mit dem Jeep zum Rif. Cacciatore fahren.
Bahn/Bus: San Lorenzo in Banale (716 m) hat Busverbindung mit den Ortschaften der Umgebung.

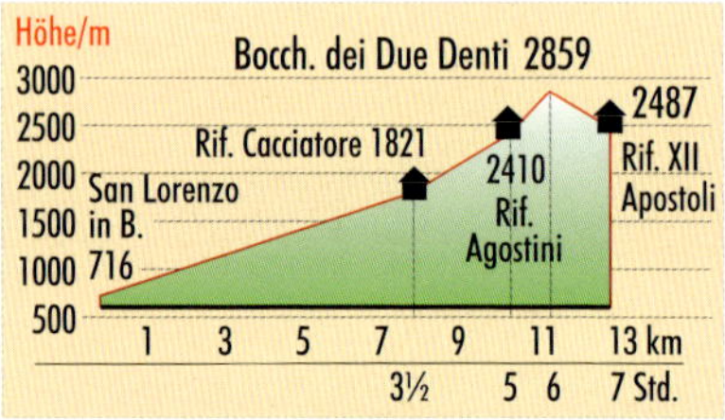

Gehzeit: Zustieg ab San Lorenzo bis zum Rif. Cacciatore 3½ Std., Rif. Cacciatore – Rif. Agostini 1½ Std., Klettersteig 1 Std., Abstieg zum Rif. XII Apostoli 1 Std.; gesamt 7 Std.
Charakter: Verhältnismäßig kurzer (knapp 200 Höhenmeter), aber sehr luftiger Klettersteig mit langem Zustieg. Besteht praktisch nur aus einer langen Leiternfolge. Helm und Klettersteigset unerlässlich!
Einkehr: Rif. Cacciatore, Rif. Agostini, Rif. XII Apostoli (alle 20.6.– 20.9.).
Karte: KOMPASS Nr. 73.

Eine Via ferrata aus der guten alten Zeit, das suggeriert die lange Leiternserie oberhalb der Agostini-Hütte: fast 200 Höhenmeter weitgehend ohne Felsberührung bis in die Bocchetta dei Due Denti (2859 m), Stufe um Stufe, immer steil aufwärts.
Eröffnet wurde sie im Jahr 1964, als die Klettersteigwelle gerade über die Dolomiten rollte und einen ersten Boom auslöste; sie ist dem begnadeten Kletterer Ettore Castiglioni gewidmet, der die Klettersteigwand erstmals durchstieg.

Hinauf! Am Einstieg zur langen Leiternfolge der »Ferrata Castiglioni«.

Castiglioni glückten auch in den »Bleichen Bergen« zahlreiche Erstbegehungen, u.a. an der Marmolada. Er stammte aus dem Trentiner Nonstal; 1944 versuchte Castiglioni vor den Faschisten in die Schweiz zu fliehen, starb dabei unweit der Grenze zum Bergell im Schneesturm an Erschöpfung.

Der Klettersteig bietet sich zusammen mit dem »Sentiero Palmieri« als eisfreie Alternative zur Route »Brentari – Ideale« an; er wird vielfach auch zusammen mit den beiden gesicherten Steigen begangen – eine absolute Brenta-Traumtour!

Zustieg durch das **Val d'Ambiez:** siehe Tour 46. Vom **Rif. Cacciatore** (1821 m) wandert man über den »Sentiero Dallago« zur **Agostini-Hütte** (2410 m). An der Verzweigung oberhalb des Hauses hält man sich links (rechts zum »Brentari-« bzw. »Ideale-Steig«); Drahtseile helfen über leichte Felsen in den Karwinkel unterhalb der Bocchetta dei Due Denti. Im Geröll zum Einstieg (Gedenktafel). Der Blick nach oben verspricht viel Luft unter den Schuhsohlen; gleich die erste steile Leiternserie sorgt bei weniger Geübten für ein leicht flaues Gefühl in der Magengegend. Sie mündet auf ein Band, das man nach links zum Beginn der zweiten langen Sprossenreihe verfolgt. Ein weiteres Horizontalband (kurzer Holzsteg) führt dann zur dritten Leiternserie, der man in eine Rinne entsteigt. Durch sie hinauf (Drahtseile) und über die finalen Leitersprossen in die **Bocchetta dei Due Denti** (2859 m), wo sich ein herrlicher Blick auf Gletscher und Grate des Adamello auftut.

Westlich der Scharte leiten die Markierungen hinunter in den Geröllkessel des stark geschrumpften Pratofiorito-Gletschers. Unter den Felsen der Cima d'Agola (2966 m) wandert man hinunter zum **Rif. XII Apostoli** (2487 m). Eine kurze Felsstufe ist gesichert.

Bocchetta del Gallino, 2135 m

Mit oder ohne Gipfel?

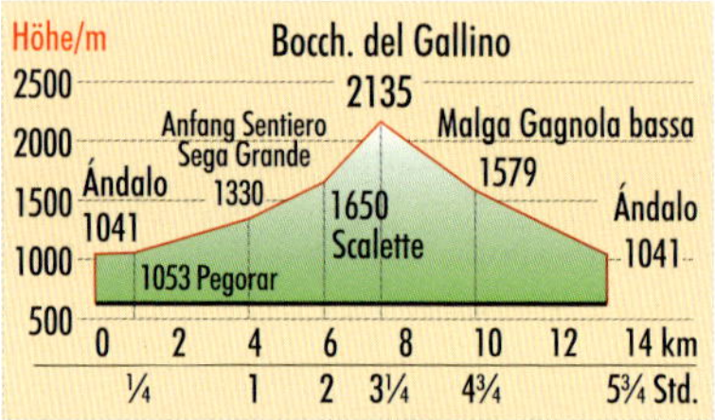

Ausgangspunkt: Ándalo (1041 m), Ferienort am Ostfuß der Brenta.
Bahn/Bus: Ándalo hat Busverbindungen mit Trento und den Ortschaften der Umgebung.
Gehzeit: Aufstieg 3¼ Std., Abstieg 2½ Std.; gesamt 5¾ Std.
Charakter: Interessante Wanderrunde im Osten der Brenta, die sich nach Belieben mit einem Gipfelabstecher kombinieren lässt. Felspassagen am »Sentiero della Sega Grande« (Drahtseile) und am Gipfel des Pizzo Gallino.
Einkehr: Unterwegs keine.
Karte: KOMPASS Nr. 73.

Ándalo ist vor allem als Skiort bekannt, mit der Paganella (2124 m) als weiträumigem Pistenrevier. Wandern kann man hier natürlich auch, und ein paar schöne Gipfel gibt es ebenfalls. Was für ein Kontrast zwischen den übervölkerten Skiabfahrten und den einsamen Wegen rund um den Pizzo Gallino! Sein Panorama muss man in aller Regel höchstens mit ein paar (stets hungrigen) Bergdohlen teilen: einsame Brenta, schöne Brenta.

Die Tour startet auf Asphalt, führt von **Ándalo** hinauf zum Weiler

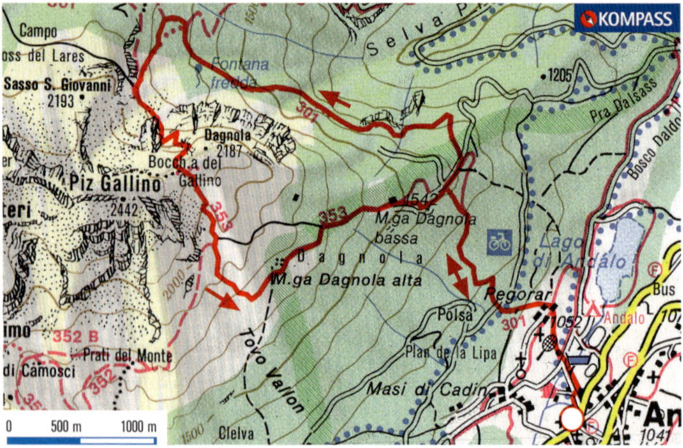

Vom Pizzo Gallino schaut man hinunter auf den Molvenosee.

Pegorar (1053 m). Auf breitem Wanderweg im Wald weiter bergan zu einer Forstpiste. Man folgt ihr bis zu einer Linkskehre, biegt dann ein in den »Sentiero della Sega Grande«. Das Große Band (sega) traversiert leicht ansteigend eine mächtige Felsflucht; ausgesetzte Passagen sind mit Drahtseilsicherungen versehen. Dabei bieten sich schöne Ausblicke zum Monte Fibbion (2671 m) und zum Mular Alto (2418 m).

Unweit der »kalten Quelle« (Fontanafredda) stößt man auf den Talweg. Mit ihm in Serpentinen über eine Rampe (»Scalette«) zur nächsten Verzweigung. Hier nimmt man den links abgehenden Steig, der ohne größeren Höhengewinn zum Ansatzpunkt der markanten Rinne leitet, die von der **Bocchetta del Gallino** (2135 m) herabzieht. Im Zickzack dann etwas mühsam hinauf in die Scharte. Der Abstieg führt südseitig durch die grüne Mulde zwischen Pizzo Gallino und Dagnola hinunter zu einer Weggabelung. Hier links zur nahen Malga Dagnola alta und weiter im Wald bergab zur **Malga Dagnola bassa** (1579 m). Auf einer Sandstraße zurück zu dem mit 301 bezeichneten Anstiegsweg und mit ihm hinunter nach **Ándalo.**

Pizzo Gallino, 2442 m, und Dagnola, 2195 m

Die Überschreitung der Bocchetta del Gallino lässt sich leicht mit einem Gipfelabstecher verbinden. Bei der Besteigung der Dagnola handelt es sich um einen besseren Spaziergang (10 Min.), anspruchsvoller ist der Pizzo Gallino: aus der Scharte auf dünner Spur über steile Grashänge bergan in die Felsen (Stelle I) und zum Gipfel (1 Std.). Etwas Bergerfahrung unerlässlich, bei Nässe abzuraten!

40

Croz dell'Altissimo, 2339 m

Spannende Gipfeltour

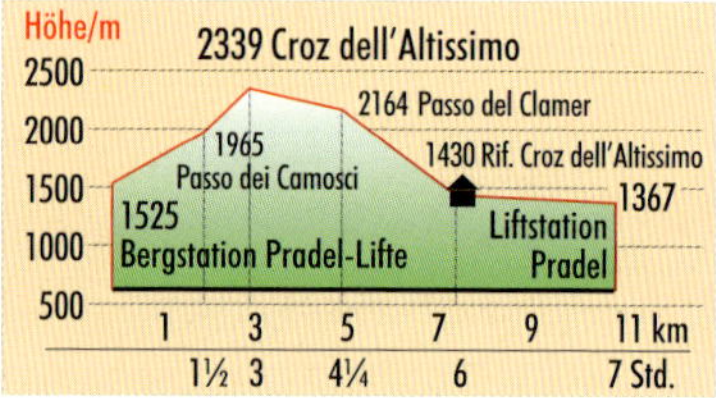

Ausgangspunkt: Bergstation der Pradel-Lifte (1525 m); Talstation Molveno.
Bahn/Bus: Molveno hat Busverbindung mit den Ortschaften der Umgebung. Die Pradel-Lifte verkehren Ende Juni bis Mitte September von 8.30-12.45 Uhr, 14-18 Uhr.
Gehzeit: Aufstieg 3 Std., Abstieg 4 Std.; gesamt 7 Std.
Charakter: Anspruchsvolle Gipfelüberschreitung mit ein paar etwas heiklen Passagen im Abstieg. Im Frühsommer, wenn noch Schnee in den nordseitigen Steilhängen liegt, ist der Aufstiegsweg auch für den Abstieg vorzuziehen. Bei Nässe ist von einem Abstieg durch die Vallazza ebenfalls abzuraten.
Einkehr: Rif. Croz dell'Altissimo (Juni – Sept.), Rif. Pradel (Ende Juni – Mitte Sept.).
Karte: KOMPASS Nr. 73.

Der Croz dell'Altissimo hat nicht nur eine beeindruckende Südwestwand, sondern auch eine vergleichsweise »schwache« Rückseite. Sie macht ihn zu einem lohnenden Ziel für trittsichere, ausdauernde Berggänger. Die dürfen dann vom Gipfelgrat wenigstens einen Tiefblick über den 900 m hohen, fast senkrechten Absturz genießen. Zu sehen gibt's vom »Höchsten« (= Altissimo) allerdings noch weit mehr. Im Westen stehen die berühmten Gipfel der Brenta-Hauptkette Parade, nach Nordosten reicht die Fernsicht bis in die Dolomiten. 1½ km tiefer glitzert der Spiegel des Lago di Molveno.

Im Aufstieg zum Croz dell'Altissimo; im Hintergrund der Brenta-Hauptkamm.

Fast die Hälfte des Höhenunterschieds zwischen Molveno (868 m) und dem Gipfelkreuz legt man bequem mit den **Pradel-Liften** zurück. Gleich hinter dem Rif. Montanara (Bergstation; 1525 m) geht es in den Wald und steil bergan gegen den Palon de Tovre (1811 m). Nun an dem schmalen Gratrücken entlang – zuletzt kurz absteigend – in den **Passo dei Camosci** (1965 m). Zwischen Latschen und Bergsturztrümmern rechts aufwärts, um einen Felssporn herum und links haltend über Schrofen weiter bergan. Vorbei an der Abzweigung (2283 m) zum Passo dei Lasteri und links zu einem Grateinschnitt (Tiefblick ins Val delle Seghe). Zuletzt über leichte Felsen zum Südgipfel des **Altissimo.** Der etwas höhere Nordgipfel (2360 m) wird nicht betreten.

Der Abstieg führt von der erwähnten Weggabelung zunächst zum nahen **Passo dei Lasteri** (2281 m). Nach einer kurzen Gegensteigung in der Nordwestflanke der **Cima dei Lasteri** (2459 m; Abstecher 25 Min., markiert) leitet die Spur hinunter in den markanten Einschnitt des **Passo del Clamer** (2164 m). Eine schroffe Felsstufe wird dabei rechts über ein System von Bändern umgangen.

In der Scharte warnt ein Schild: »Sentiero alpinistico difficile«. Vorsicht ist also geboten beim weiteren Abstieg, der nach einer kurzen Querung in abschüssiges, felsdurchsetztes Gelände führt. An der Mündung der **Vallazza** stößt man auf den vom Val Perse herabkommenden Weg.

Mit ihm zwischen Latschen hinunter zum **Rifugio Croz dell'Altissimo** (1430 m). Auf dem komfortablen Höhenweg (vgl. Tour 41) zurück zur Liftstation **Pradel** (1367 m).

Rifugio Croz dell'Altissimo, 1430 m

Hüttenbummel in großer Kulisse

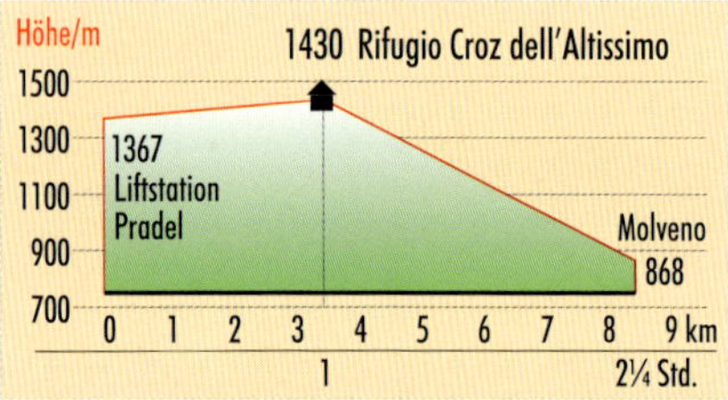

Ausgangspunkt: Zwischenstation der Pradel-Lifte (1367 m); Talstation in Molveno.
Bahn/Bus: Molveno hat Busverbindung mit den Ortschaften der Umgebung. Die Pradel-Lifte verkehren Ende Juni bis Mitte September von 8.30-12.45 Uhr, 14-18 Uhr.
Gehzeit: 2¼ Std.
Charakter: Gemütliche Hütten- und Talwanderung ohne jede Schwierigkeiten. Unter der Südwestwand des Croz dell'Altissimo Steinschlaggefahr!
Einkehr: Rifugio Croz dell'Altissimo (Juni – September), Bar Ciclamino (ganzjährig).
Karte: KOMPASS Nr. 73.

Der erste Weg führt in Molveno meistens ins Val delle Seghe. Nicht etwa alter Sägereien (segherie) wegen, sondern um einen ersten Blick auf die Dolomitwunder rund um Cima Brenta und Campanile Basso zu werfen, wo der »Bocchette-Steig« über die Brenta-Felsbänder (seghe) verläuft. Wer gleich die nostalgische Cabinovia nach **Pradel** benützt, hat einen angenehm hoch gelegenen Ausgangspunkt für die kleine Wanderung zum Rifugio Croz dell'Altissimo: keine 200 Höhenmeter bis ins innerste **Val delle Seghe,** bei einer Fülle grandioser Ausblicke, auch auf den un-

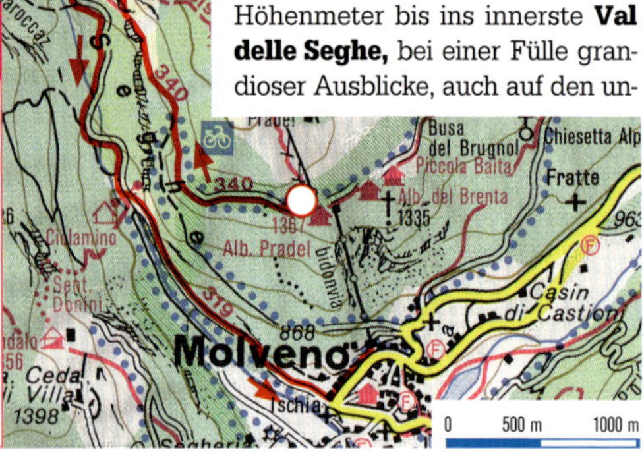

Venezianische Sägerei

Kulturhistorisch interessant ist die alte, wasserbetriebene Segheria veneziana am Ufer des Molvenosees. Die Sägerei Taialacqua wurde vor ein paar Jahren restauriert und kann besichtigt werden. Infos beim Tourismusbüro Molveno.

Vom Weg zum Rifugio Croz dell'Altissimo genießt man freie Sicht ins wilde Val Perse.

glaublichen Obelisken des Campanile Basso.
Von der Liftstation Pradel (1367 m) führt ein komfortabel breiter Weg, erst leicht ab-, dann wieder sanft ansteigend, in die Ostflanke des Val delle Seghe. Aussicht gibt's zunächst keine; erst hinter der Abzweigung des »Sentiero delle Grotte« wird der Blick auf die großartigen Felsbauten über dem Tal frei. Nach einem kurzen Zwischenabstieg quert die Promenade die Sockelfelsen des Croz dell'Altissimo, anschließend läuft sie unter der gigantischen Südwestwand des Klettergipfels weiter taleinwärts, erst zuletzt zum **Rifugio Croz dell'Altissimo** leicht ansteigend. Für den Abstieg nimmt man das Schottersträßchen, das weitgehend im Talboden verläuft, also eine Etage tiefer. Zur Linken baut sich der 900 m hohe Absturz des Croz dell'Altissimo nun noch eindrucksvoller auf.
Erstmals durchstiegen wurde die Wand im Jahr 1919 von Angelo Dibona mit zwei Begleitern – eine Route im V. Schwierigkeitsgrad!
An der doppelten Verzweigung bei der **Bar Ciclamino** (950 m) hält man sich links und spaziert auf der Straße zurück nach **Molveno** bzw. zur Talstation der Pradel-Lifte.

Sentiero attrezzato Donini

Zum Rifugio Selvata

Ausgangspunkt: Molveno (868 m), Touristenort am gleichnamigen See.
Bahn/Bus: Molveno hat Busverbindung mit den Ortschaften der Umgebung. Die Pradel-Lifte verkehren Ende Juni bis Mitte September von 8.30-12.45 Uhr, 14-18 Uhr.

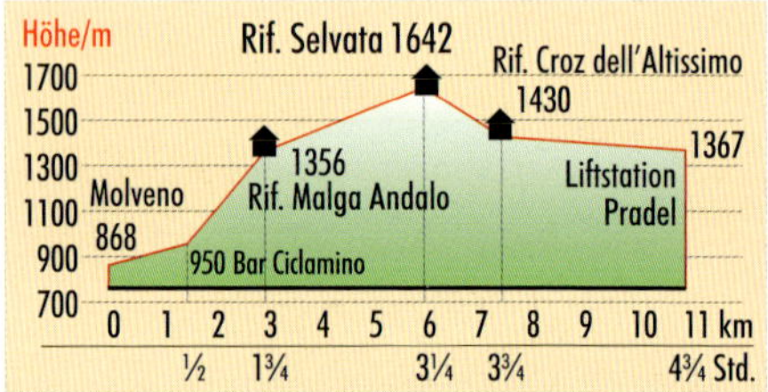

Gehzeit: Aufstieg 3¼ Std., Abstieg 1½ Std.; gesamt 4¾ Std.
Charakter: Rundtour im Val delle Seghe mit zwei gesicherten Passagen. Selbstsicherung für weniger Geübte ratsam.
Einkehr: Rifugio Malga Andalo (Juni bis September), Rifugio Selvata (20. Juni bis 20. September), Rifugio Croz dell'Altissimo (Juni bis September)
Karte: KOMPASS Nr. 73.

Über Felsbänder zur Waldhütte. So könnte man diese Tour im Val delle Seghe, dem »Tal der Bänder«, bezeichnen. Sie verläuft über weite Strecken durch Wald (=selva), bietet aber auch zwei längere ge-

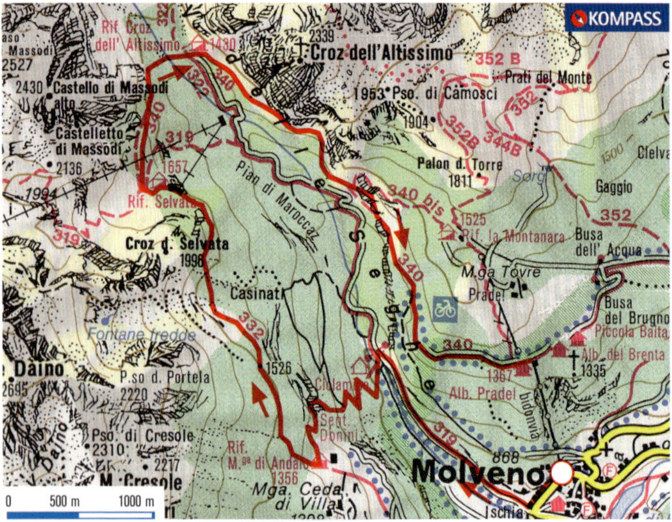

Wuchtige Felsbauten über dem Val delle Seghe: Cima Roma und Cima della Vallazza.

sicherte Felspassagen. Und am Wendepunkt liegt vor einer eindrucksvollen Felskulisse das bewirtschaftete Rif. Selvata (1642 m). Faszinierend vor allem der Blick in die Riesenmauer des Croz dell'Altissimo (2360 m).

Die Tour beginnt bei der großen Straßenkehre mitten in **Molveno** (868 m). Über die Via Dolomiti wandert man hinein ins Val delle Seghe. Am Verzweig gleich oberhalb der **Bar Ciclamino** (950 m) links und auf einer Forstpiste bergan bis zur fünften Serpentine. Hier zweigt der »Sentiero Donini« ab (Inschrift); rote Markierungen leiten im Wald hinauf zum Felsfuß. Hinter einem Felszacken über Holzstufen auf ein Band, das in eine Steilrinne mündet. Man quert sie und folgt dem Weglein, welches in Schleifen zu einem exponierten, überdachten Band ansteigt. Es leitet gut gesichert in flaches Gelände; wenig höher steht auf einer großen Lichtung das kleine **Rifugio Malga Andalo** (1356 m).

Hinter der Hütte geht's wieder in den Wald. Der spärlich markierte Weg führt, nur mehr sanft steigend, hoch über dem **Val delle Seghe** taleinwärts. Unter dem schroffen Croz della Selvata leitet er auf ein schmales, recht luftiges Band (Drahtseile). Anschließend steigt man über einen licht bewaldeten, verstrauchten Hang zum **Rif. Selvata** (1642 m) auf.

Der Rückweg führt hinab in den Talboden und hinüber zum **Rif. Croz dell'Altissimo** (1430 m).

Hier biegt man ein in den schönen Höhenweg, der die Ostflanke des Val delle Seghe schneidet. Zuerst leicht fallend unter der Südwestwand des Croz dell'Altissimo hindurch, dann recht spektakulär quer durch ihre Sockelfelsen (Tunnel, Drahtseilgeländer) und hinauf zu einer schönen Aussichtskanzel mit Blick zum unglaublich schlanken Felsturm des Campanile Basso. Zuletzt ohne nennenswerte Höhenunterschiede zur Liftstation **Pradel** (1367 m).

Rifugio Pedrotti, 2486 m

Hinein ins steinerne Herz der Brenta

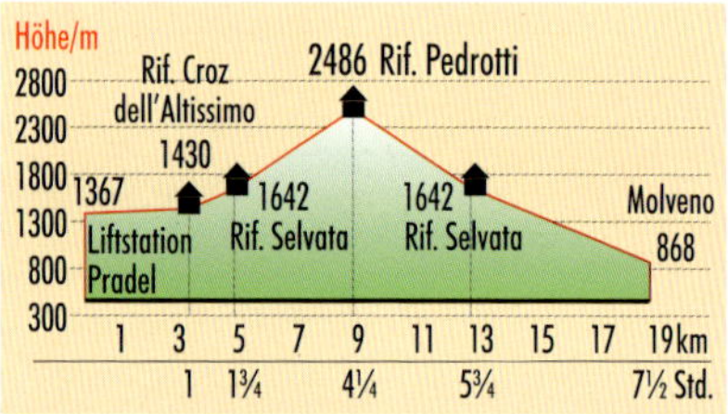

Ausgangspunkt: Zwischenstation der Pradel-Lifte (1367 m); Talstation in Molveno.
Bahn/Bus: Molveno hat Busverbindung mit den Ortschaften der Umgebung. Die Pradel-Lifte verkehren Ende Juni bis Mitte Sept. von 8.30-12.45 Uhr, 14-18 Uhr.
Gehzeit: Aufstieg 4¼ Std., Abstieg 3¼ Std.; gesamt 7½ Std.
Charakter: Langer Hüttenanstieg, der eine gute Kondition verlangt. Grandiose Kulisse mit dem Campanile Basso als Blickfang im Brenta-Hauptkamm. Alternativ kann man vom Rifugio Pedrotti auch über den Passo di Ceda (2219 m) und durch das Val di Ceda nach Molveno absteigen, etwa 4½ Std., markiert.
Einkehr: Rifugio Croz dell'Altissimo (Juni bis September), Rifugio Selvata (20. Juni bis 20. September), Rifugio Pedrotti (20. Juni bis 20. September).
Karte: KOMPASS Nr. 73.

Nur eine einzige Berghütte steht unmittelbar am Hauptkamm der Brenta: das Rif. Pedrotti (2486 m). Sie ist Wanderziel, Etappe an der berühmten »Via delle Bocchette« und frequentierter Stützpunkt für Kletterer, die in der näheren Umgebung Routen in allen Schwierigkeitsgraden finden. Ein frequentiertes Ziel ist – wen wundert's? – der Campanile Basso (Guglia di Brenta, 2874 m), dieses

Wanderziel und Stützpunkt an der »Via delle Bocchette«: das Rifugio Pedrotti.

Naturwunder aus Stein, 1899 von Otto Ampferer und Karl Berger erstbestiegen (V).
Bestaunen dürfen den unglaublich schlanken Felsturm auch Wanderer, die den weiten Weg aus dem Val delle Seghe unter die Füße nehmen. Dabei ist der Campanile nur einer von vielen Brentazacken, die während des Anstiegs ins Blickfeld geraten: schauen, bis einem die Augen übergehen. Oben guckt dann manche/r sehnsüchtig hinüber zur Bocca di Brenta, beginnt hinter der engen Scharte doch der »schönste Höhenweg der Alpen« (private Einschätzung der Autoren).
Von der Liftstation **Pradel** (1367 m) führt ein komfortabel breiter Weg, erst leicht ab-, dann wieder sanft ansteigend, in die Ostflanke des **Val delle Seghe.** Aussicht gibt es zunächst keine; erst hinter der Abzweigung des »Sentiero delle Grotte« wird der Blick auf die großartigen Felsbauten über dem Tal frei. Nach einem kurzen Zwischenabstieg quert die Promenade die Sockelfelsen des Croz dell' Altissimo (2360 m), anschließend läuft sie unter der gigantischen Südwestwand des Klettergipfels weiter taleinwärts, zuletzt zum **Rif. Croz dell'Altissimo** (1430 m) leicht ansteigend.
Der Weiterweg führt quer über den Geröllboden und unter dem Ostabsturz des Castel Alto dei Massodì (2431 m) hinauf zum **Rif. Selvata** (1642 m), dann in Schleifen über eine markante Talstufe in den kleinen Boden der neuen **Baito dei Massodì** (1982 m). Der grandiose Felsrahmen mit dem Campanile Basso entfaltet sich dabei immer schöner; im Südwesten werden in der Senke zwischen Croz del Rifugio (2610 m) und Cima Brenta bassa (2812 m) zwei Steinbauten sichtbar: die Rif. Tosa (2439 m) und **Pedrotti.** Zuletzt über einen steinigen Hang hinauf zu den beiden Schutzhütten.
Der Abstieg führt zurück zum **Rif. Selvata.** Hinter der Hütte mit der Markierung 319 hinunter zum Talsträßchen und mit ihm hinaus nach **Molveno.**

44

Auf die Cima di Ghez, 2714 m

Einsamer Riese in der Südbrenta

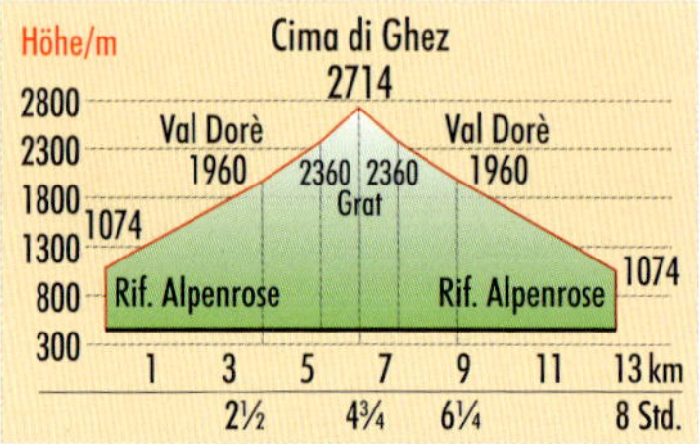

Ausgangspunkt: Rif. Alpenrose (1074 m). Anfahrt von San Lorenzo in Banale (716 m) über eine gute Asphaltstraße.
Bahn/Bus: San Lorenzo in Banale hat Busverbindung mit den Ortschaften der Umgebung.
Gehzeit: Aufstieg 4¾ Std., Abstieg 3¼ Std.; gesamt 8 Std.
Charakter: Lange, anstrengende Gipfeltour, nur teilweise markiert, Wegfindung deshalb nicht ganz einfach. Bei schlechter Sicht (Nebel) ist von der Tour abzuraten! Trittsicherheit für den Gipfelgrat notwendig.
Einkehr: Rif. Alpenrose (20.6.–20.9.).
Karte: KOMPASS Nr. 73.

Wer bei Ghez an eine Geiß denkt, liegt genau richtig; der alte Dialektausdruck meint damit die wendige Bergziege. Gämsen wird man auf dieser Tour bestimmt begegnen, eher wohl als Menschen. Die Cima di Ghez dürfte zu den einsamsten Gipfeln der Brenta zählen, obwohl sie ein immenses Panorama bietet, das von den Gardaseebergen bis zu den Dolomiten reicht. Der lange, recht anstrengende Aufstieg mag die meisten abschrecken, und dazu erhebt sich der Berg weitab aller Modetouren. Doch darin liegt

Beim Anstieg gegen den Passo Bregàin genießt man schöne Tiefblicke in die Valli Giudicarie.

Der Gipfelgrat der Cima di Ghez ist leicht felsig. Nach Süden geht der Blick bis zu den Gardaseebergen.

auch ein besonderer Reiz der Besteigung: ein ganzer Tag allein mit einem großen Berg.

Vom **Rif. Alpenrose** (1074 m) folgt man zunächst einem gepflasterten, breiten Weg, der links in den Wald führt und bald in den Fernwanderweg »Garda-Brenta« mündet (vgl. Tour 45). Mit ihm steil im **Selva Grande** bergan. Bei ca. 1600 m kommt man aus dem Wald; wenig später gabelt sich der Weg. Rechts haltend über die ausgedehnten Prada-Wiesen (Pfostenmarkierungen) bis zum felsigen Abbruch ins **Val Dorè.** Hier verlässt man die markierte Spur und steigt über den allmählich steiler werdenden, grasigen Rücken an gegen den lang gestreckten Südgrat der Cima di Ghez. Man erreicht ihn wenig oberhalb der Kuppe des **Dos d'Arnal** (2344 m). Felsigen Aufschwüngen im oberen, steileren Abschnitt (Stelle I) kann man links, also westseitig ausweichen. Zuletzt über Schrofen zum kleinen Kreuz am Gipfel der **Cima di Ghez.** Abstieg auf dem Anstiegsweg.

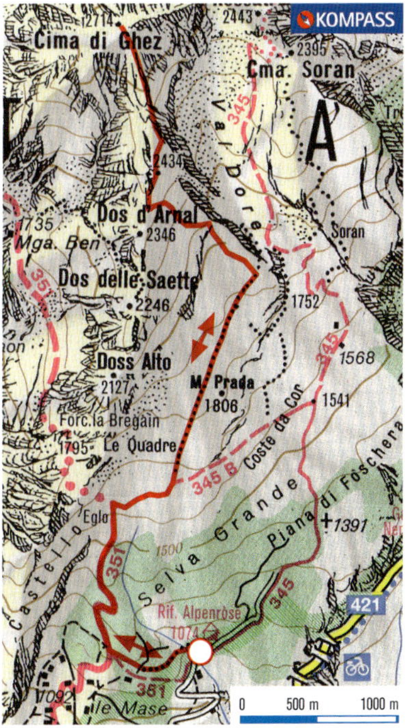

Sentiero attrezzato Passo Bregàin

Abenteuerpfad über dem Val d'Ambiez

Ausgangspunkt: San Lorenzo in Banale (716 m).
Bahn/Bus: San Lorenzo in Banale (716 m) hat Busverbindung mit den Ortschaften der Umgebung. Im Sommer kann man mit dem Jeep bis zum Rifugio Cacciatore fahren.
Gehzeit: Aufstieg zum Passo Bregàin 3½ Std., Höhenweg zur Cacciatore-Hütte 2½ Std., Abstieg 2¾ Std.; gesamt 8¾ Std.
Charakter: Lange Rundtour mit einer Steigung zu Beginn. Trittsicherheit erforderlich auf dem schmalen Höhenweg; nur bei trockenem Wetter ratsam! Faszinierend die Kulisse des Val d'Ambiez mit dem höchsten Brentagipfel (Cima Tosa, 3173 m).
Einkehr: Rifugio Cacciatore (20.6.–20.9.), Ristoro Dolomiti (im Sommer).
Karte: KOMPASS Nr. 73.

Das Steiglein über die Selletta della Colmalta (s. Tour 47) besitzt auf der Ostseite des Val d'Ambiez eine Entsprechung, eine sehr interessante dazu. Der »Sentiero attrezzato Passo Bregàin« führt von der winzigen Scharte taleinwärts zum Rif. Cacciatore (1821 m), dabei teilweise abschüssige Hänge querend, mit viel Aussicht auf jene Wände und Gipfel, die nur Kletterern zugänglich sind: Brentafels. Von dem schön gelegenen Brentadorf **San Lorenzo in Banale** (716 m) folgt man zunächst dem ins Val d'Ambiez führenden Teersträßchen durch den malerisch verwinkelten Weiler **Senaso** (781 m) bis zur Abzweigung des Weges

Brentanebel über dem Val d'Ambiez.

349 (Hinweis »Garda-Brenta«). Auf Asphalt kurz in einen Graben, bei dem alten Haus scharf rechts und auf einem Ziehweg teilweise steil bergan zu den Mase alte. Rechts mündet der markierte Zustieg vom **Rif. Alpenrose** (1074 m). Weiter schattig aufwärts zur Baumwuchsgrenze, dann über üppige Blumenwiesen steil und anstrengend zum Grat (**Passo Bregàin,** 1829 m) mit freier Sicht auf die westseitige Bergumrahmung des Val d'Ambiez.

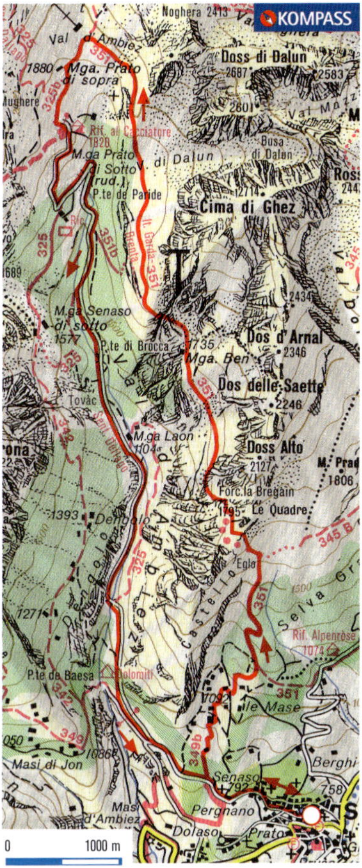

Jenseits der winzigen Scharte leitet die dünne Spur zunächst ohne Höhenverlust am Hang hinüber zu einer kleinen Kanzel. Dann geht's im Zickzack bergab. Anschließend führt das Weglein in extrem steile Grashänge, unter denen senkrechte Felsen lauern (Drahtseilsicherungen). Weiter absteigend gelangt man in harmloseres Terrain und erreicht bald die **Malga Ben** (1735 m), die sich einer schönen Lage (=ben) hoch über dem Val d'Ambiez erfreut (Wasser etwas unterhalb). Die Fortsetzung des Höhenweges quert flach eine Hangmulde; an der Verzweigung dahinter hält man sich rechts und folgt der dünnen Spur, die in leichtem Anstieg zu den Wiesenböden am Eingang ins Val di Dalum führt. Von dem idyllischen Platz aus zeigt sich fast die gesamte Gipfelkulisse des Val d'Ambiez. Weiter ansteigend gewinnt man eine Geländeschulter (1992 m), die den höchsten Punkt des Weges markiert. Gut einzusehen ist von dieser Stelle aus der letzte Abschnitt des »Sentiero Passo Bregàin«, der in weitem Bogen hinunterläuft zum **Rif. Cacciatore** (1821 m).

Von der Hütte wandert man auf dem geschotterten Fahrweg durch das Val d'Ambiez hinab zum **Ristoro Dolomiti** (860 m) und zurück nach **San Lorenzo in Banale.**

Rifugio Cacciatore, 1821 m

Talwanderung mit Pfiff

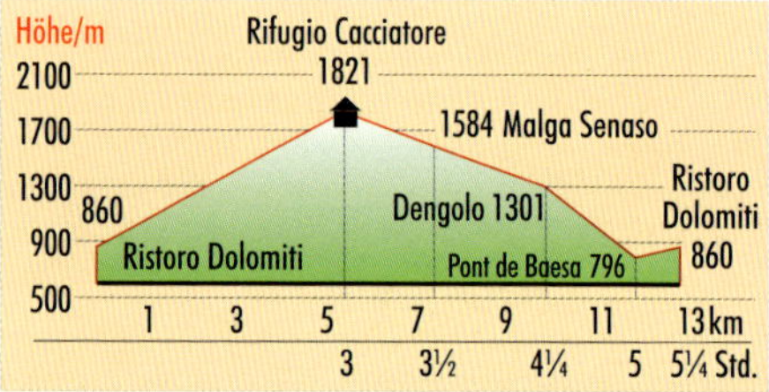

Ausgangspunkt: Parkplatz am Eingang zum Naturpark Adamello – Brenta beim Ristoro Dolomiti (860 m). Anfahrt von San Lorenzo in Banale (716 m) auf schmaler Straße.
Bahn/Bus: San Lorenzo in Banale (716 m) hat Busverbindung mit den Ortschaften der Umgebung. Im Sommer kann man mit dem Jeep bis zum Rifugio Cacciatore fahren.
Gehzeit: Aufstieg 3 Std., Abstieg 2¼ Std.; gesamt 5¼ Std.
Charakter: Abwechslungsreiche Talwanderung; Abstieg von Dengolo zuletzt sehr steil.
Einkehr: Ristoro Dolomiti (im Sommer), Rifugio Cacciatore (20.6.–20.9.)
Karte: KOMPASS Nr. 73.

Das größte Brentatal liegt im Süden des Massivs; es mündet unterhalb von San Lorenzo in Banale in die Sarca-Schlucht. Und von ganz oben schaut die Cima Tosa (3173 m), Kulminationspunkt des Massivs, mit ihrer Firnhaube hinab in diesen mächtigen, zwanzig Kilometer langen Graben. Eine lohnende, nur mäßig anstrengende Wanderung führt taleinwärts zum Rifugio Cacciatore (1821 m), das sich einer schönen Lage vor einem Halbrund grandioser Dolomitzinnen erfreut.
Davon ist auf dem ersten Streckenabschnitt noch nichts zu sehen: schroffe Felsen links wie

Manchmal Retter in der Not:
Hubschrauberlandeplatz beim Rifugio Cacciatore im innersten Val d'Ambiez.

rechts, dazwischen abschüssige Waldparzellen.

Das Sträßchen quert nach ein paar hundert Metern den Ambiez-Bach nach links; hinter der **Malga Laón** (1117 m) überwindet es die markante Talstufe zum Wasserfall bei der Ponte di Broca (1304 m). Oberhalb der **Ponte da Paride** (1550 m) erreicht man das Almgelände der Malga Prato, wird – endlich! – der Blick in den grandiosen Talschluss frei.

Beim Abstieg folgt man der Straße bis in die erste Kehre. Hier geradeaus und auf einem Fahrweg an der westlichen Talflanke sanft bergab zur **Malga Senaso di sotto** (1584 m). Dahinter steigt der Weg kurz an, um einen wilden Felsabbruch zu umgehen, ehe er hinabzieht zu den teilweise restaurierten Maiensäßen von **Dengolo** (1301 m). Nach den letzten Häusern immer steiler im Wald abwärts zum **Pont de Baesa** (796 m) und auf der Straße zurück zum Parkplatz beim **Ristoro Dolomiti.**

47

Selletta della Colmalta, 2276 m

Traumtour über dem Val d'Ambiez

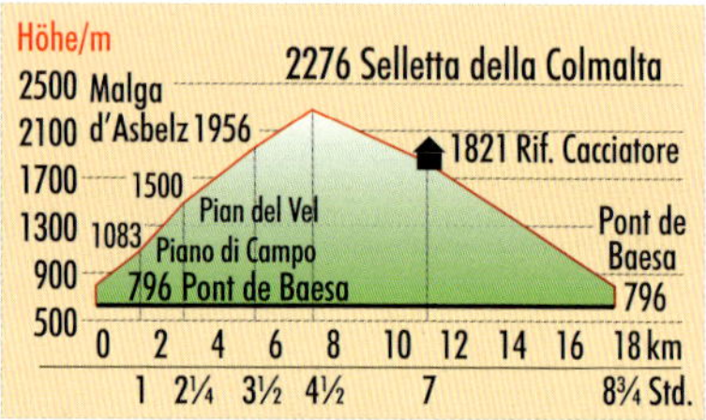

Ausgangspunkt: Pont de Baesa (796 m) am Eingang ins Val d'Ambiez. Zufahrt von San Lorenzo in Banale (Hinweis »Val d'Ambiez«) auf schmaler Straße. Einige wenige Parkplätze an der Brücke.
Bahn/Bus: San Lorenzo in Banale (716 m) hat Busverbindung mit den Ortschaften der Umgebung.
Gehzeit: Aufstieg zur Selletta della Colmalta 4½ Std., Übergang zum Rifugio Cacciatore 2½ Std., Abstieg 1¾ Std.; gesamt 8¾ Std.
Charakter: Große Runde über dem Val d'Ambiez, die Bergerfahrung und eine tadellose Kondition verlangt. Packende Landschaftseindrücke; im Sommer blüht es üppig auf den Wiesen.
Einkehr: Rif. Cacciatore (20.6.–20.9.).
Karte: KOMPASS Nr. 73.

Von oben einsteigen. In diesem Fall ist das Val d'Ambiez gemeint, das große, grandiose Brenta-Südtal. Ein ungewöhnlicher Einstieg, auch einer, den man sich verdienen muss: fast 1500 Höhenmeter sind eine echte Herausforderung. Als Lohn winken außergewöhnliche Landschaftsbilder; ein Highlight ist natürlich das Panorama des Val d'Ambiez, dessen Felskulisse man bis hinauf zur Cima Tosa (3173 m) überschaut. In den steilen Grasflanken rund um die Selletta della Colmalta blühen Edelweiß zu Tausenden, und am Wendepunkt der großen Tour steht freundlicherweise eine bewirtschaftete Hütte, die zur Rast und Stärkung einlädt – notabene mit Blick auf die schönsten Felszinnen im Talinnern, angeführt von der Cima d'Ambiez (3095 m).

Auf der Asbelz-Alm.

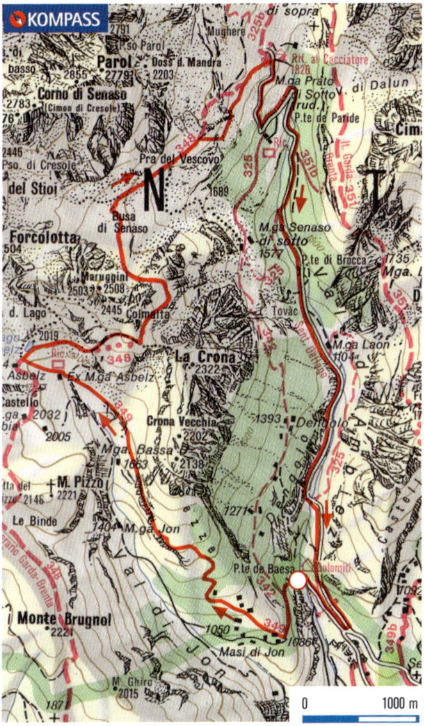

Die Runde beginnt steil, auf einer gepflasterten Mulattiera, die in kurzen Kehren aus dem engen Talgrund zu den Maiensäßen auf dem **Piano di Campo** (1083 m) ansteigt. Aussicht gibt's keine; erst beim Weiterweg an dem licht bewaldeten Rücken über dem Val di Jon zeigen sich die ersten Gipfelzacken des Val d'Ambiez. Am **Pian del Vel** lässt man die Baumwuchsgrenze endgültig hinter sich; der kunstvoll angelegte Weg führt über wilden Felsabbrüchen - nur mehr sanft ansteigend - in das ausgedehnte Almrevier von **Asbelz** (1956 m). Etwas höher, hinter einem Grasrücken, liegt der seichte **Lago d'Asbelz** (2019 m) vor der eindrucksvollen Kulisse namenloser Felsmauern. Rechts an dem Seelein vorbei, dann schräg über abschüssige Wiesenhänge hinauf in die **Selletta della Colmalta** (2276 m), einem herrlichen Rast- und Aussichtsplatz über der fast 100 m tiefer gelegenen Scharte im Rücken der Crona (2322 m). Fern im Süden glitzert der Gardasee, umrahmt von seinen Bergen, im Norden überschaut man fast das gesamte Val d'Ambiez. 1 km tiefer rauscht der Ambiez-Bach durch den Grund des wilden Grabens. Noch umfassender ist die Sicht in dieses Brentatal und auf seinen Gipfelkranz von der Geländeschulter 500 m weiter nördlich, die einen Überstieg in das mächtige **Senaso-Kar** ermöglicht.

Man quert es absteigend und geht weiter taleinwärts, erst über die Vescovo-Wiesen, dann auf natürlichen Bändern einer Felszone. Zuletzt kurz abwärts zum **Rif. Cacciatore** (1821 m). Der Abstieg folgt dem Talsträßchen. Unterhalb des **Ristoro Dolomiti** (860 m) scharf rechts und zurück zur Brücke über den Ambiez-Bach.

Monte Ghirlo, 2015 m

Gipfel(chen) der Einsamkeit

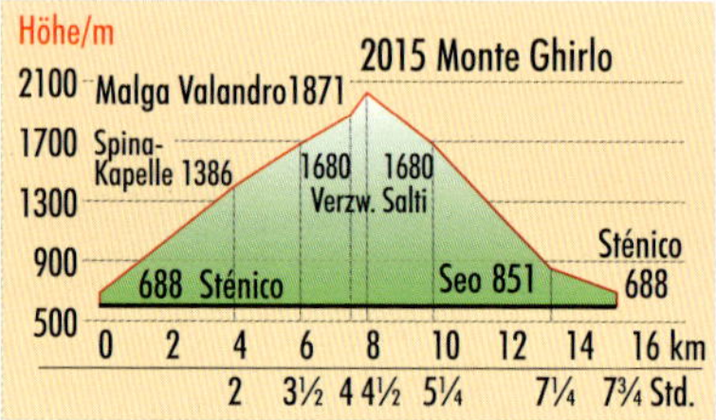

Ausgangspunkt: Sténico (688 m) im Tal der Sarca.
Bahn/Bus: Sténico besitzt Busverbindung mit den Ortschaften der Umgebung.
Gehzeit: Aufstieg 4½ Std., Abstieg 3¼ Std.; gesamt 7¾ Std.
Charakter: Aussichtsreiche Rundtour am Südrand der Brenta. Im Frühsommer üppige Flora, herrliche Aussicht auf die Gardaseeberge.
Einkehr: Nur in Sténico.
Karte: KOMPASS Nr. 73.

Wer Sténico besucht, schaut in der Regel nach dem mächtigen Schloss, das auf einem Hügel über dem Dorf thront, weniger in die Berge. Denn hier stehen keine großen, schon gar keine bekannten Brentagipfel. Randerhebungen nennt man diese Zweitausender über dem Sarcatal leicht abschätzig. Wie etwa den Monte Ghirlo, eine grasige Kuppe über einem einsamen Talgraben mit dem freundlichen Namen Valle dell'Inferno. Höllisch ist die Tour zu dem schönen Guck-ins-Land keineswegs, im Sommer kann's während des langen Anstiegs aber ganz schön heiß werden unterm Rucksack. Am schönsten ist die Tour allerdings früher im Jahr, wenn es auf den südseitigen Hängen üppig blüht, und an klaren Herbsttagen.

Sie startet im malerisch-verwinkelten Dorf **Sténico,** führt auf einem Sandsträßchen ansteigend ins Val Laone. Auf

Über dem Dörfchen Sténico thront das Schloss der Trentiner Fürstbischöfe.

einer Brücke links über den Mühlenbach (Rio dei Molini) und mit einer alten Mulattiera in großen Schleifen an der linken Talseite im Wald bergan. Nach etwa zwei Stunden lädt die **Spina-Kapelle** (1386 m) zur Rast; sie thront auf einer Geländeschulter hoch über dem inneren Val Laone, wo der **Arca di Fraporte** (1147 m) eine mächtige Grotte bildet (Zugang von der Ponte dei Molini 1 Std., markiert).

Der Weiterweg umrundet den Talschluss in weitem Bogen, dabei weiter an Höhe (und Aussicht) gewinnend. Oberhalb der **Salti** biegt er nach Norden zur verfallenen **Malga Valandro** (1871 m). Hier verlässt man den markierten Weg und steigt über den Wiesenhang an zur abgerundeten Gipfelkuppe des **Monte Ghirlo.** Auf dem Anstiegsweg zurück bis zum lang gestreckten Rücken der **Salti.** An der Verzweigung links und mit schöner Aussicht auf die Gardaseeberge sanft bergab zu den Salti Sud (1511 m), dann steiler im Wald hinunter zum Weiler **Seo** (851 m). Auf der »Via San Vill« flach zurück nach **Sténico.**

49

Passo dei XII Apostoli, 2578 m

Höhenrunde über den Tälern von Algone und Agola

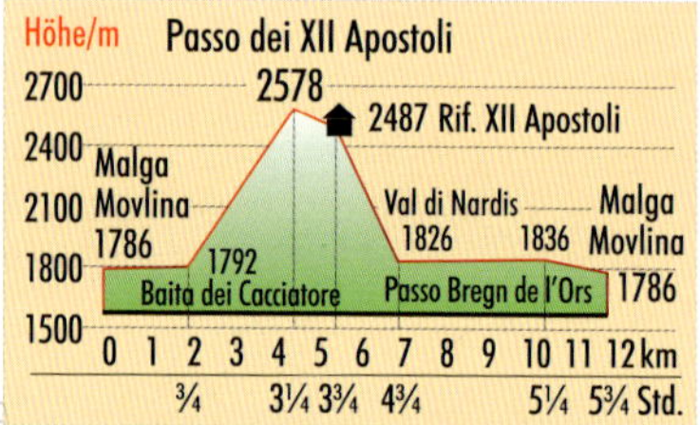

Ausgangspunkt: Parkplatz vor der Malga Movlina (1786 m). Anfahrt aus dem Sarcatal (Verbindung Sténico – Ragoli) über eine 7 km lange Asphaltstraße zum Rif. Brenta (1170 m), ab hier gebührenpflichtige 8 km bis zur Malga Movlina. Täglich dürfen nur 50 Fahrzeuge in das Almgelände fahren, dann wird die Strecke gesperrt.
Bahn/Bus: Keine öffentlichen Verkehrsmittel.
Gehzeit: Aufstieg 3¼ Std., Abstieg 2½ Std.; gesamt 5¾ Std.
Charakter: Landschaftlich einmalig schöne Runde in wilder Felskulisse mit recht rauem Aufstieg. Trittsicherheit und Ausdauer unerlässlich!
Einkehr: Rifugio XII Apostoli (20.6.–20.9.).
Karte: KOMPASS Nr. 73.

Das Val d'Algone, ganz im Südwesten der Brenta gelegen, ist ein besonders reizvoller Landstrich, in dem sich idyllische mit monumentalen Bildern verbinden. Im Talboden wechseln Waldpartien und Almböden ab, auf denen im Sommer das Vieh weidet, darüber bauen sich gewaltige Felsmauern auf, deren Grate fast den Himmel zu berühren scheinen. Eine wunderschöne Tour führt aus dem Almrevier von Movlina über den Passo XII Apostoli und durchs Val Nardis zurück zum Ausgangspunkt.
Die Runde startet mit herrlicher Aussicht übers Rendena-Tal zu den Graten und Gipfeln des Adamello- u. Presanella-Massivs, führt dann, zuerst leicht absteigend, ins **Val Sacco.** Unter den Felsen der Pala dei Mughi (2323 m) hindurch zur

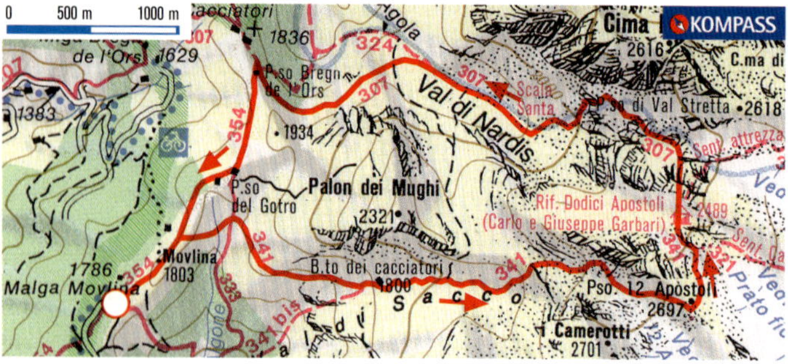

Fast ein Adlerhorst: das Rifugio XII Apostoli vor der Cima Prà dei Camosci und der Cima di Nardis.

winzigen **Baita dei Cacciatori** (1792 m). Nun stärker steigend zwischen Latschen zu einer Wiesenmulde, dem so genannten **Busa di Sacco.** Rechts, hoch in den Felsen der Cima della Finestra, erkennt man ein großes Felsenfenster. Der Weiterweg führt vorbei an einem kleinen Wasserfall im Schutt zu einer felsigen Steilstufe (Drahtseil), dann über Geröll (Spur) in den **Passo XII Apostoli** (2578 m). Knapp darunter stehen auf einem Horizontalband die zwölf Felsfiguren, denen die Scharte ihren Namen verdankt. Jenseits des Passes leiten die Markierungen über vom Eis glatt geschliffene Felsen und Geröll hinab zum **Rif. XII Apostoli** (2487 m; vgl. Tour 28).

Im Aufstieg durch das Val di Sacco zum Passo dei XII Apostoli.

Hinter der Hütte über Bänder (Drahtseil) in eine gestufte Felszone, über die man zu einem Geröllfeld absteigt. Weiter über die so genannte **»Scala Santa«,** einen steilen, mit Latschen bewachsenen Hang, hinunter ins Val di Nardis und flach um die Pala dei Mughi herum zum **Passo Bregn de l'Ors** (1836 m). Hier scharf links und, die Höhe haltend, zum Passo del Gotro (1847 m). Zuletzt in sanftem Abstieg zurück ins Almrevier von **Movlina.**

50

Auf die Petta, 2054 m

Aussichtskanzel im Südwesten der Brenta

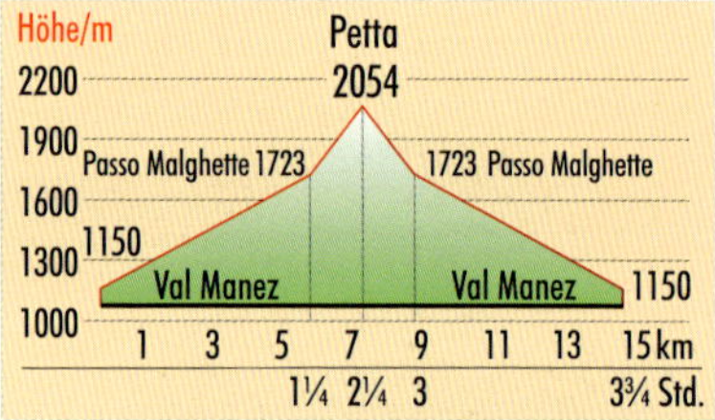

Ausgangspunkt: Val Manez (etwa 1150 m); Anfahrt aus dem Sarcatal über Montagne. An der Verzweigung vor Binio (1079 m) geradeaus und noch ein Stück taleinwärts. Parkmöglichkeit an der Asphaltstraße.
Bahn/Bus: Busverbindung Tione di Trento – Montagne.
Gehzeit: Aufstieg 2¼ Std., Abstieg 1½ Std.; gesamt 3¾ Std.
Charakter: Halbtagestour auf einen schönen Aussichtsberg am Südwestrand der Brenta. Zum Gipfel hin sehr steile Grashänge; bei Nässe deshalb nicht ratsam. Etwas spärlich markiert, Orientierung aber trotzdem nicht schwierig.
Einkehr: Unterwegs keine.
Karte: KOMPASS Nr. 73.

Die Berge um das Valle Manez gehören geographisch zwar zur Brentagruppe, markant geschichteten, hellgrauen Hauptdolomit sucht man hier aber vergebens. Dafür treten Gesteine der benachbarten Adamellogruppe auf, die durch eine markante geologische Störungsfläche, die so genannte Judikarienlinie vom Brentakalk abgetrennt werden, dazu ältere Triasschichten wie Muschelkalk, Grödner Sandstein, sogar das rötliche Porphyr. Dolomit und Kristallin dominieren auch im Panorama der Petta, die den höchsten Punkt des lang gestreckten Bergkamms zum Val d'Algone markiert: Brentafels im Osten, Adamellograte und -gletscher im Westen.

Von den Höhen am Südrand der Brenta genießt man Aussicht auf die Ausläufer des Adamello-Massivs.

Die Tour führt zunächst ins **Valle Manez.** Auf einer Straße wandert man taleinwärts. Eine Tafel informiert darüber, dass hier die Grenze des Naturparks Adamello – Brenta verläuft. Der Anstieg wird allmählich steiler, der Weg dafür etwas schmaler. Nach einer Linkskurve kommt man zu einer Wegspinne (Tafel). Rechts und kurz hinauf in den **Passo Malghette** (1723 m).

Aus der Senke, einer dünnen Spur mit wenigen blau-weißen Markierungen folgend, über den steilen Wiesenhang bergan. Zwischen den Latschen zum Kamm, dann links des Grates zum Vorgipfel und mit geringem Höhenverlust zur **Petta,** die ein hölzernes trigonometrisches Zeichen krönt. Bei den Einheimischen ist der Gipfel auch als Monte Màrgole bekannt.

Abstieg auf dem Anstiegsweg. Achtung: Der in einigen Karten eingezeichnete Kammweg zum Monte Iron (1865 m) mit Abstiegsmöglichkeit nach Montagne existiert nicht!

Die Besteigung der Petta lässt sich leicht um eine Überschreitung der **Cima Durmont** (1835 m) erweitern.
Beim Wegkreuz unterhalb des Passo Malghette rechts am größtenteils bewaldeten Kamm über den Monte Cardadur (1871 m) in den Passo di Campiol (1671 m) und weiter zur Cima Durmont. Südseitig absteigend, zuletzt auf einer Sandstraße zurück ins Valle Manez.
Gesamtgehzeit mit Petta etwa 5½ Std.

(Ziffern beziehen sich auf Seitenzahlen.)

A
Agostini-Hütte 101
Albergo Capriolo 33
Alpe de la Nana 39
Altissimo 105
Ándalo 13, 103
Arca di Fraporte 121
Asbelz 119

B
Baita dei Cacciatori 123
Baito dei Massodi 111
Bar Ciclamino 107, 109
Bocca d'Ambiez 98
Bocca degli Armi 92
Bocca dei Camosci 99
Bocca della Tosa 97
Bocca della Vallazza 63
Bocca di Brenta 93
Bocca di Tuckett 83, 86, 95
Bocchetta alta dei Massodi 88, 91
Bocchetta bassa dei Massodi 88
Bocchetta dei Camosci 65, 83
Bocchetta dei Due Denti 100
Bocchetta dei Tre Laghi 59
Bocchetta dei Tre Sassi 44, 47, 49
Bocchetta del Campanile Basso 93
Bocchetta del Gallino 102
Bocchetta della Sentinella 93
Bocchetta di Pratofiorito 81
Bocchetta di Val Scura 35
Busa degli Armi 95
Busa degli Sfulmini 95
Busa dei Cavai 61
Busa dell'Acqua 95
Busa di Sacco 123

C
Campanile Basso 6, 93, 95
Campo Carlo Magno 49
Cascate di mezzo 55
Cascate di sotto 55
Castelfondo 21
Cengia Garbari 87
Cima Brenta 87
Cima del Grostè 64
Cima di Ghez 113
Cima di Pratofiorito 80
Cima di Santa Maria 28
Cima Durmont 124
Cima Falkner 83
Cima Molveno 88
Cima Nana 31
Cima Roma 62
Cima dei Lasteri 105
Cles 14
Croz dell'Altissimo 104

D
Dagnola 103
Doss del Sabion 79
Dovena 21

F
Ferrata Oliva Detassis 90

G
Giro dei Cinque Laghi 60
Giro dei Laghi Superiori 56
Glare 33
Grostedi 65
Grostè-Pass 43, 49, 51
Grostè-Seilbahn 67

L
Lago Alto 57
Lago d'Asbelz 119
Lago delle Malghette 57
Lago di Tovel 32, 39
Lago di Val d'Agola 76
Lago Lambin 61
Lago Nambino 61
Lago Ritort 61
Lago Scuro 57
Lago Seròdoli 61
Lago Smeraldo 20
Lago Spinale 53
Livezza grande 40, 47
Loverdina 26

M
Madonna di Campiglio 10, 55, 61, 67
Malè 14
Malga Ben 115
Malga Campodenno 35
Malga d'Arza 26, 29
Malga Dagnola bassa 103
Malga Fevri 53
Malga Flavona 36
Malga Fratte 55
Malga Loverdina 27, 29
Malga Mondifrà 49
Malga Pozzol 37
Malga Tassullo 31
Malga Termoncello 27, 35
Malga Tuena 39, 41
Malga Val d'Agola 77
Malga Valandro 121
Malga Vellesinella di spora 53, 55, 67
Molveno 12, 95, 107, 109
Monte Ghirlo 120
Monte Nambino 53, 56
Monte Peller 30
Monte Spinale 52
Monte Zeledria 56, 59
Movlina 123

N
Naturparkhaus 33
Novella-Schlucht 20

P

Parco Naturale Adamello 8
Passo Bregn de l'Ors 79, 123
Passo de la Nana 39
Passo degli Inferni 27
Passo dei Camosci 105
Passo dei Lasteri 105
Passo dei XII Apostoli 122
Passo del Clamer 105
Passo del Grostè 47, 51, 63, 82
Passo della Forcola 39
Passo di Prà Castròn 38
Passo di Val Gelada 44, 46
Passo Malghette 125
Passo Termoncello 36
Pegorar 103
Petta 124
Pian del Vel 119
Piano di Campo 119
Pietra Grande 50
Pinzolo 11
Pizzo Dagnola 103
Pizzo Gallino 103
Prà Castron di Flavona 51
Prà Rodont 79, 81
Pradalago 58
Pradalago-Seilbahn 57
Pradel-Lifte 105, 111

R

Rifugio Agostini 97
Rifugio Alimonta 70, 85, 89, 90
Rifugio Alpenrose 112
Rifugio Brentei 68, 71, 73, 85
Rifugio Cacciatore 101, 115, 119
Rifugio Cascate 55
Rifugio Casinei 67, 69, 71
Rifugio Croz dell'Altissimo 95, 105, 106, 107, 111
Rifugio Malga Andalo 109
Rifugio Pedrotti 93, 95, 96, 110
Rifugio Peller 30
Rifugio Selvata 108, 111
Rifugio Tuckett 66, 83, 84
Rifugio Vallesinella 55, 69, 71
Rifugio XII Apostoli 78, 81, 99, 101, 123
Ristoro Dolomiti 115, 119

S

Salt 47
Salter 19
Salti 121
San Lorenzo in Banale 11, 115
San Romedio 18
Sanzeno 19
Scala Santa 79, 123
Seerundweg (Tovel) 33
Sega Alta 95
Sella del Montòz 29, 34
Sella della Tosa 97
Selletta della Colmalta 119
Selva Grande 113
Senaso 115
Senaso-Kar 119
Sentiero attrezzato Donini 108
Sentiero attrezzato Passo Bregàin 115
Sentiero Benini 65, 82
Sentiero Bogani 69
Sentiero Brentari 96
Sentiero Claudio Costanzi 42
Sentiero dell'Ideale 97
Sentiero della Dena 41
Sentiero delle Antiche Segherie 33
Sentiero delle Bocchette Alte 86
Sentiero delle Bocchette Centrali 92
Sentiero delle Glare 33
Sentiero delle Palete 46
Sentiero Detassis 90
Sentiero Martinazzi 72
Sentiero Mondino 20
Sentiero Orsi 94
Sentiero SOSAT 84
Sentiero Vidi 48
Sfulmini-Gletscher 92
Spallone dei Massodi 88
Sperone degli Orti 49, 51
Spina-Kapelle 121
Sténico 120

T

Terres-Waal 22
Tovelsee 33, 34, 37, 39, 41
Tre Laghi 57
Tuckett-Hütte 67
Tuena 39
Tuenno-Waal 22

V

Val d'Ambiez 101
Val delle Giare 51
Val delle Seghe 107, 109, 111
Val di Santa Maria della Flavona 34, 37
Val Dorè 113
Val Sacco 122
Vallazza 105
Valle Manez 125
Vallesinella 52, 55
Venezianische Sägerei 106
Via delle Bocchette 7
Via ferrata Ettore Castiglioni 100
Vidi-Steig 43

W

Wasserfälle des Vallesinella 54

KOMPASS

NR. 1 FÜR WANDERKARTEN

Großer Wander-Atlas

ALPEN

- 170 Erlebnistouren mit Top-Wanderkarten
- Reise-Atlas Alpen 1:750 000
- Über 400 Farbfotos

www.kompass.at

ISBN 3-85491-604-3 · Verlagsnummer: 604